BEITRÄGE

KRITIK

MARGINALIEN

Carlos Spoerhase, geb. 1974, Literaturwissenschaftler am Institut für Neuere deutsche Literatur der Humboldt-Universität zu Berlin. 2007 erschien *Autorschaft und Interpretation. Methodische Grundlagen einer philologischen Hermeneutik.*
carlos.spoerhase@hu-berlin.de

Caspar Hirschi, geb. 1975, Professor für Geschichte an der Universität St. Gallen. 2012 erschien *The Origins of Nationalism. An Alternative History from Ancient Rome to Early Modern Germany.*
caspar.hirschi@unisg.ch

Dirk Baecker, geb. 1955, Professor für Kulturtheorie und -analyse an der Zeppelin Universität in Friedrichshafen. 2014 sind *Kulturkalkül* und *Neurosoziologie. Ein Versuch* erschienen.
baecker@mac.com

Alexander Kluge, geb. 1932, Filmemacher, Schriftsteller, Fernsehproduzent. 2014 ist erschienen *30. April 1945 – Der Tag, an dem Hitler sich erschoß und die Westbindung der Deutschen begann.*

Eva Geulen, geb. 1962, Professorin für Neuere deutsche Literaturwissenschaft an der Goethe-Universität Frankfurt am Main. 2009 erschien in zweiter Auflage *Giorgio Agamben zur Einführung.*

Eckhard Schumacher, geb. 1966, Professor für Neuere deutsche Literatur und Literaturtheorie an der Universität Greifswald. 2003 erschien *Gerade Eben Jetzt. Schreibweisen der Gegenwart.*
eckhard.schumacher@uni-greifswald.de

Valentin Groebner, geb. 1962, Historiker an der Universität Luzern. 2014 erschien *Wissenschaftssprache digital. Die Zukunft von gestern.*
valentin.groebner@unilu.ch

Ted George Striphas, Associate Professor am Department of Communication and Culture der Universität Indiana, Bloomington. 2011 erschien *The Late Age of Print. Everyday Book Culture From Consumerism to Control.*
striphas@indiana.edu

Günter Hack, geb. 1971, Journalist und Schriftsteller. 2009 erschien sein Roman *ZRH.*

Roger A. Fischer, geb. 1966, Beamter im Bundesministerium für wirtschaftliche Zusammenarbeit (BMZ). 2010 erschien *Vom offenen Geschehen und seiner Bewältigung.*

Paul Kahl, geb. 1975, wissenschaftlicher Mitarbeiter am Seminar für Deutsche Philologie der Universität Göttingen, freier Dozent. 2006 erschien *Das Bundesbuch des Göttinger Hains. Edition – historische Untersuchung – Kommentar* (zugleich Univ. Diss. Göttingen 2005).
paul.kahl@phil.uni-goettingen.de

Hendrik Kalvelage, geb. 1985, wissenschaftlicher Mitarbeiter am Seminar für Deutsche Philologie der Universität Göttingen.
hendrik.kalvelage@phil.uni-goettingen.de

Ljudmila Belkin, geb. 1972, Kunstwissenschaftlerin und Publizistin.
www.belkin-artwriting.com

Stephan Herczeg, geb. 1961, freier Autor und Journalist.

ZU DIESEM HEFT

Der Merkur ändert mit der 788. Nummer sein Erscheinungsbild. Das geschieht ausgesprochen selten – seit 1947 wurde das Layout nur drei Mal komplett überarbeitet – und verdient schon deshalb eine Erklärung. Die letzte optische Auffrischung liegt 23 Jahre zurück. Sie setzte auf starke Ordnungssignale: Blocksatz, rigide Mittelachsenzentrierung und durchgängige Serifenschrift gaben dem Versprechen intellektueller Redlichkeit, Souveränität und Genauigkeit auf unmittelbar verständliche Weise Ausdruck.

Seither haben sich die visuellen Standards in der Zeitschriften- und Buchgestaltung jedoch so sehr gewandelt, dass diese Botschaft vom Eindruck einer tendenziell leblosen Strenge überlagert wurde. Wir haben uns gemeinsam mit unserem Gestalter Erik Stein darum bemüht, dem mit zeitgemäßen Mitteln entgegenzuwirken, ohne die formale Zurückhaltung aufzugeben. Für den Umschlag haben wir bewusst einen offenporigen Karton gewählt, der zwar verletzlicher ist, sich dafür aber angenehm papieren anfühlt. Der aufgelockerte Satzspiegel macht lange Textstrecken deutlich leichter lesbar.

Bereits im vergangenen Jahr haben wir stillschweigend mit einer Tradition gebrochen und auf das monothematische Sonderheft verzichtet, das von 1985 an einmal jährlich anstelle zweier regulärer Ausgaben erschienen war. Maßgeblich für diese Entscheidung waren die inflationäre Vermehrung kulturwissenschaftlicher Herausgeberbände – über deren Ursachen informiert der erste Beitrag dieses Hefts – sowie die steigende Zahl kleiner Verlage, die mit themengebundenen Essaysammlungen auf den Markt drängen.

Angesichts dieses Überangebots haben wir beschlossen, uns auf unsere Kernaufgabe zu konzentrieren – nämlich jeden Monat eine Zeitschrift zu liefern, die sich der kulturellen, politischen und sozialen Wirklichkeit in ihrer ganzen Breite, Vielfalt und Komplexität widmet. Dass das Schwerpunktsetzungen keineswegs ausschließen muss, zeigt diese Ausgabe, in der sieben Autoren unter sehr unterschiedlichen Aspekten den Entwicklungen in der digitalen Welt nachgehen.

CD/EK

Caspar Hirschi und Carlos Spoerhase

Die Gefährdung des geisteswissenschaftlichen Buches

Die USA, Frankreich und Deutschland im Vergleich

Krise? Man könnte meinen, dem geisteswissenschaftlichen Buch gehe es prächtig. Jedes Jahr erscheinen mehr Titel, ihre Gesamtauflage steigt steil an, und die Vielfalt an Autoren und Themen ist größer denn je. Nur ein Detail trübt das schöne Bild: Das reiche Angebot findet immer weniger Käufer, von Lesern ganz zu schweigen.

Wie ist die Gleichzeitigkeit eines boomenden Angebots bei einbrechender Nachfrage zu erklären? Aus den Debatten in Zeitungen und Blogs müsste man schließen, das Schicksal des geisteswissenschaftlichen Buches hänge von einem einzigen Faktor ab: dem Internet. Auf diese Annahme scheinen sich Buchliebhaber und Netzafficionados geeinigt zu haben, um umso heftiger über die Frage zu streiten, ob das geisteswissenschaftliche Buch im digitalen Zeitalter noch eine Zukunft habe. Die Wahrnehmungsverengung lädt die Kontrahenten zu dramatischen Diagnosen ein: Die Verteidiger des Buches beschwören das Ende der humanistischen Bildungstradition, die Anhänger des Internet den Anfang der egalitären Wissensdemokratie. Und beide werfen sich gegenseitig vor, die Realität zu verkennen.

Es fehlt, ganz besonders im deutschsprachigen Raum, an Untersuchungen zum geisteswissenschaftlichen Buchmarkt, mit deren Befunden man die abenteuerlichsten Behauptungen aus dem Argumentationsfluss aussieben könnte. Seriöse Forschung auf diesem Gebiet ist ein mühsames Unterfangen, denn das geisteswissenschaftliche Verlagswesen ist etwa so transparent wie die Druckerschwärze, mit der es sich und der Welt Sinn verleiht. Man braucht ein weitgespanntes Kontaktnetz zu Verlagsleuten, denen man all jene Informationen entlocken muss, die auf anderen Wegen nicht zu finden sind. Ein solches Netz hat in der Regel nur, wer selber Teil der Verlagswelt ist. John Thompson, der die umfassendste Untersuchung zum akademischen Buchmarkt in den Vereinigten Staaten und in Großbritannien vorgelegt hat, konnte den Fuß deshalb in die Tür vieler Verlage bekommen, weil er mit Polity Press in Cambridge selber einen kleinen Wissenschaftsverlag leitet.[1]

1 John B. Thompson, *Books in the Digital Age. The Transformation of Academic and Higher Education Publishing in Britain and the United States*. Cambridge: Polity Press 2005.

Die Mühen der Forschungsarbeit allein erklären das Fehlen von verlässlichen Studien aber nicht. Es liegt auch am Unwillen geisteswissenschaftlicher Autoren, hinter die Kulissen der publizistischen Bühne zu blicken, auf der sie selber als Hauptakteure auftreten. Ihr Desinteresse ist nachvollziehbar, würden doch bei einer gründlichen Beschäftigung mit dem geisteswissenschaftlichen Buchmarkt bald publizistische Praktiken auf dem Spiel stehen, die dem Tun vieler Geisteswissenschaftler, vom frisch promovierten Reihenautor bis zum emeritierten Festschriftempfänger, Sinn und Legitimität zu verleihen scheinen. Dennoch ist der Blick hinter die Kulissen nötig, wollen geisteswissenschaftliche Autoren nicht machtlos den Kräften ausgeliefert sein, die von außen auf die Publikation und Rezeption ihrer Schriften einwirken.

Vier apokalyptische Reiter

In den Zukunftsängsten von Buchliebhabern tauchen regelmäßig vier apokalyptische Reiter auf, die sich aber selten scharf voneinander abheben: Google Books, E-Book-Piraterie, die Blogosphäre und Open Access. Was die vier Reiter in den Warnungen der Autoren zusammenhält, ist ihr angeblicher Ansturm auf die Bastion des Urheberrechts. Dieses, so die Prophezeiung, soll geschleift werden.

Die Fixierung auf das Urheberrecht entspringt einem allzu idealisierten Verständnis des geisteswissenschaftlichen Verlagswesens und lenkt von den wirklichen Gefahren für die Buchkultur ab. Das Urheberrecht ist für den geisteswissenschaftlichen Buchmarkt im deutschsprachigen Raum von geringer Bedeutung. Nur ein paar wenige, wenn auch renommierte Verlage sind auf seine konsequente Umsetzung angewiesen, der große Rest, darunter die auf geisteswissenschaftliche Literatur spezialisierten Häuser, können sich mit digitalen Raubkopien auf russischen Servern, Ausschnitten bei Google Books und Scans von Dozenten für Studenten arrangieren. Die Urheber selbst haben von ihrem vermeintlichen Recht in den meisten Fällen ohnehin nichts; sie treten die Verwertung dem Verlag ab und werden dann von diesem viel häufiger an den Kosten als an den Umsätzen ihrer Bücher beteiligt. Google Books, Uni-Scanner und die E-Book-Piraterie mögen für alle Verlage ein Ärgernis sein und für einige auch Mindereinnahmen zur Folge haben, Tod und Verwüstung gehen von ihnen jedoch nicht aus; und für die Blogosphäre gilt das erst recht.

Bleibt von den vier apokalyptischen Reitern noch einer, Open Access. Dieser hat es tatsächlich in den Händen, dem geisteswissenschaftlichen Buch ein Ende zu bereiten. Seine Macht ruht allerdings nicht darauf, dass er im Internet dahergaloppiert, sondern dass er bald in staatlichem Auftrag ausreiten könnte. Im wissenschaftlichen Verlagsgeschäft ist es der Staat, der den Markt schafft. Staatliche Institutionen regeln den Handel, staatliches Geld erzeugt das Angebot und die Nachfrage. Um das Drohpotential von Open Access zu erfassen, bedarf es zuerst einer Beschreibung der strukturellen und kulturellen Kräfte, die im geisteswissenschaftlichen Buchmarkt wirken. Dazu lohnt sich ein Blick in jene Länder, zu denen aussagekräftige Studien vorliegen. Wir beginnen mit den Vereinigten Staaten und gehen dann über zu Frankreich, bevor wir auf Deutschland zurückkommen.

Wissenschaftlicher Kannibalismus

John Thompson schreibt in seiner bereits erwähnten Untersuchung über die akademische Verlagslandschaft in Großbritannien und den Vereinigten Staaten: »Das E-Buch hat die Aufmerksamkeit von Journalisten und anderen erregt, die gerne dramatische Geschichten erzählen und über das Ende der Zivilisation, wie wir sie kennen, spekulieren. Die wirkliche Revolution hat derweil anderswo stattgefunden.« Um diese Revolution nachzuzeichnen, geht Thompson bis in die 1970er Jahre zurück. Damals war es in britischen und amerikanischen Universitätsverlagen üblich, für Monografien gebundene Erstausgaben von zwei- bis dreitausend Exemplaren zu drucken, in der relativ sicheren Erwartung, den Großteil davon in wenigen Jahren zu verkaufen. Gleichzeitig konnten die Verlage die Anzahl der Neuerscheinungen konstant steigern. Der Nachfrageboom schwächte sich bereits in den achtziger und frühen neunziger Jahren ab, nur vermochten das viele Universitätsverlage lange zu verdrängen, weil der Weg von den Produzenten zu den Konsumenten weit war. Thompson zufolge kauften expandierende Buchhandelsimperien wie Barnes & Nobles und Borders im großen Stil bei Universitätsverlagen ein, um die Regale ihrer neuen »Superstores« zu füllen. Die Verlage merkten aber offenbar nicht, dass die geisteswissenschaftliche Ware dort den letzten Sprung vom Regal zur Kasse immer seltener schaffte.

Als die Absatzkrise Mitte der neunziger Jahre nicht mehr zu übersehen war, versuchten amerikanische und britische Universitätsverlage, mit frühen Paperback-Ausgaben zusätzliche Käufer zu finden. Der Erfolg war laut Thompson bescheiden, brach doch der Verkauf der Hardcover, bei denen die Margen deutlich höher sind, noch schneller ein. 2005 lagen die Durchschnittsauflagen bei geisteswissenschaftlichen Monografien bei 600 bis 1000 gebundenen Exemplaren, von denen im Schnitt weltweit noch 400 bis 500 abgesetzt wurden. Seit der Publikation von Thompsons Studie dürften sich die Zahlen nochmals verschlechtert haben, obwohl viele Universitätsverlage ihre Bücher mittlerweile global vertreiben. Ein Senior Editor aus einem der angesehensten amerikanischen Universitätsverlage sprach 2014 in einem Vortrag am Max-Planck-Institut für Wissenschaftsgeschichte in Berlin bereits von einem erfolgreichen Buch, wenn 100 gebundene Exemplare, 900 Paperback-Ausgaben und 200 E-Bücher verkauft worden sind.

Die Krise der amerikanischen Universitätsverlage verschärft sich durch den Unwillen oder das Unvermögen ihrer Mutterhäuser, Betriebsdefizite im gleichen Maß wie früher durch ihre Eigenmittel auszugleichen. Dadurch sind die Verlage immer weniger in der Lage, Bücher ins Sortiment aufzunehmen, bei denen der finanzielle Verlust programmiert scheint, aber durch den intellektuellen Gewinn aufgewogen würde. Ihren großen Brüdern in Oxford und Cambridge geht es dank der höheren Diversität, die das verlagsinterne Querfinanzieren erleichtert, deutlich besser. Oxford University Press ist dabei nicht nur aufgrund der Größe eine Ausnahmeerscheinung – der Verlagsumsatz ist höher als die Umsätze aller anderen angelsächsischen Universitätsverlage zusammen –, sondern auch aufgrund kontinuierlicher Überschüsse von über 100 Millionen Pfund, von denen bis zur Hälfte an die Universität zurückfließt. Allerdings trägt auch bei Oxford University Press das traditionelle Buchgeschäft immer weniger zum finanziellen Ergebnis bei, und mit geisteswissenschaftlichen Monografien dürfte der Verlag ohnehin kein Geld verdienen.

Worauf ist der lange vor dem Internet einsetzende Nachfrageeinbruch bei geisteswissenschaftlichen Büchern im englischsprachigen Raum zurückzuführen? Ein Faktor ist relativ banal: Die Anzahl der jährlich neuerschienenen Titel hat sich seit 1980 mehr als verdoppelt. Das Angebot galoppiert also der Nachfrage davon. Thompson verortet die Hauptursache der Absatzkrise aber anderswo: in den Budgetzwängen der Forschungsbibliotheken. Sie sind ihm zufolge die mit Abstand wichtigsten Abnehmer geisteswissenschaftlicher Bücher, vor allem bei gebundenen Ausgaben. Dass die Bibliotheken nicht imstande sind, das wachsende Angebot aufzunehmen, führt Thompson auf einen innerwissenschaftlichen Verdrängungsprozess zurück. Zwischen 1970 und 1997 haben sich die Preise für wissenschaftliche Zeitschriften verdreißigfacht, und als sei das zu bescheiden, sind sie seither noch rasanter gestiegen. Die jüngsten Zahlen scheinen Thompson Recht zu geben. Wie Robert Darnton, der Direktor der Universitätsbibliothek Harvard, vorrechnet, beträgt die durchschnittliche Jahresgebühr für eine Chemiefachzeitschrift mittlerweile gut 4000 Dollar, während es vor 45 Jahren gut 30 Dollar waren.[2] Die Preistreiberei, hinter der börsennotier-

2 Robert Darnton, *A World Digital Library is Coming True!* In: *New York Review of Books* vom 22. Mai 2014.

te Großverlage wie Elsevier, Wiley und Springer stehen, hat in den Kassen der Forschungsbibliotheken Spuren hinterlassen. In den Vereinigten Staaten sind die Ausgaben für Zeitschriften seit 1986 um über 400 Prozent, für Monografien dagegen nur um 70 Prozent gestiegen.[3]

Die wenigsten Bibliotheken sehen sich dabei in der Lage, der Kostenexplosion im Zeitschriftenbereich etwas entgegenzusetzen. Bei Verhandlungen mit kommerziellen Großverlagen sind sie gleich mehrfach im Nachteil. Dank der Rankingkultur in den Natur-, Lebens- und Sozialwissenschaften haben Zeitschriftenkonzerne die Möglichkeit, für hocheingestufte Journale Fantasiepreise zu verlangen, weil für die Forschergilde und damit auch für die Forschungsbibliotheken kein Weg an ihnen vorbeiführt.[4] Die Konzerne haben diesen Vorteil zu einer raffinierten Gewinnmaximierungsstrategie ausgebaut: Sie verlangen für ihre Flaggschiffjournale mehrere 10 000 Euro jährlich, gewähren aber einen Rabatt, wenn Bibliotheken ein ganzes Zeitschriftenbündel abonnieren. Kommt es zum Abschluss eines *big deal* über »journal bundles«, legen die Verlage den Bibliotheken eine Geheimhaltungspflicht auf, damit andere Bibliotheken keine Möglichkeit haben, ihren Verhandlungsspielraum bei den Rabatten auszuloten. Auf diese Weise schlagen die Zeitschriftenverlage zwei Fliegen auf einen Streich: Sie werden auch minderwertige Ware zu überrissenen Preisen los, und sie können für die gleichen Produkte in den gleichen Ländern verschiedene Preise durchsetzen.[5]

Die Strategie funktioniert umso besser, je höher der Marktanteil einer Firma ist. Elsevier, der größte und teuerste Zeitschriftenverkäufer, hat 2013 mit seinem natur-, technik- und lebenswissenschaftlichen Sortiment bei einem Umsatz von gut 2,5 Milliarden Euro einen Gewinn von knapp einer Milliarde Euro erzielt.[6] Das sind Umsatzrenditen, wie sie wohl nur in einem staatlich finanzierten und regulierten Markt möglich sind. Es ist, in Europa mehr noch als in den Vereinigten Staaten, das perfekte neoliberale Verteilungssystem privater Gewinne auf öffentliche Kosten. Um es möglichst lange aufrechtzuerhalten, nutzt Elsevier die bestehenden Urheberrechtsgesetze, um Bibliotheken, sobald sie Anstalten machen, ihre

3 Vgl. ARL Statistics 2010–11, *Monograph and Serial Costs in ARL Libraries, 1986–2011.*

4 Vgl. Caspar Hirschi, *Das geisteswissenschaftliche Buch im digitalen Zeitalter*. In: *Neue Zürcher Zeitung* vom 19. Mai 2014.

5 Vgl. Theodore C. Bergstrom u. a., *Evaluating Big Deal Journal Bundles*. In: *Proceedings of the National Academy of Sciences*, Nr. 26, 2014.

6 Die Umsatzmarge beträgt 39 Prozent. Vgl. Reed Elsevier, *Results for the Year to December 2013.*

wissenschaftliche Ware allzu freizügig unters forschende Volk zu bringen, auf dem Gerichtsweg gefügig zu machen. So wurde der Bibliothek der ETH Zürich im April 2014 vom Handelsgericht des Kantons Zürich beschieden, den vielgenutzten elektronischen Dokumentendienst einzustellen, weil er eine urheberrechtlich unzulässige Konkurrenz zu den Bezahlangeboten von Elsevier, Springer und Co. darstelle.[7]

Gegen das aggressive Expansionsstreben der internationalen Zeitschriftenkonglomerate stehen die amerikanischen Universitätsverlage mit ihren geisteswissenschaftlichen Büchern auf verlorenem Posten. Ihre zunehmende Marginalisierung in den Bibliotheksbudgets spiegelt jedoch nicht nur die Machtverschiebungen in der Verlagslandschaft wider, sondern auch jene im Wissenschaftsbetrieb selbst, verlieren doch die *humanities* an amerikanischen Universitäten ökonomisch und politisch gegenüber den *sciences* immer mehr an Boden. Das geisteswissenschaftliche Buch gehört zu den Opfern eines innerwissenschaftlichen Kannibalismus, wie er im Wissenschaftsbetrieb wohl noch nie vorgekommen ist.

Der Verlust des Publikums

Thompsons Konzentration auf die Forschungsbibliotheken als Krisenmagneten kann manches, aber nicht alles erklären. So bleibt in seiner Studie offen, warum die meisten Universitätsverlage mit der Strategie gescheitert sind, durch billige Taschenbücher und E-Bücher den Einnahmerückgang bei den gebundenen Ausgaben für Bibliotheken zu kompensieren. Die Antwort auf diese Frage muss man außerhalb der Universitätsbibliotheken suchen. Zahlen von University of Chicago Press zeigen, dass von den verkauften Neuerscheinungen im Jahr 2012 insgesamt nur 22 Prozent in einem Bibliotheksregal gelandet und selbst die in Kleinauflagen gedruckten Hardback-Monografien zu mehr als der Hälfte an private Käufer gegangen sind.[8] Wenn diese Zahlen für den amerikanischen Buchmarkt repräsentativ sind, kann die Krisendiagnose nicht bei den Bibliotheken Halt machen. Vielmehr drängt sich die Annahme auf, dass wir es im akademischen Buchmarkt neben einer institutionellen auch mit einer privaten Nachfragekrise zu tun haben.

7 Urteil des Handelsgerichts des Kantons Zürich vom 7. April 2014. Eine ebenso differenzierte wie engagierte Stellungnahme zum Fall gibt Monika Dommann, *Bibliotheken müssen weiter Kopien versehen dürfen*. In: *iRIGHTS info* vom 14. Oktober 2014.

8 Rick Anderson, *How Important Are Library Sales to the University Press?* (scholarlykitchen.sspnet.org).

Obwohl noch nie so viele Menschen einen Hochschulabschluss hatten wie heute und obwohl die amerikanischen Universitätsverlage mehr denn je global tätig sind, will es selbst den renommierten Verlagshäusern nicht gelingen, ihre kaufende Kundschaft auszuweiten. Ihr Unvermögen fällt umso schwerer ins Gewicht, als sie in Amerika, anders als in Europa, kaum scannende Unidozenten für die Nachfragekrise verantwortlich machen können, verbietet es doch das amerikanische Copyright, den Studierenden digitale Ausschnitte aus geschützten Werken zur Verfügung zu stellen.

Der Eindruck einer privaten Nachfragekrise für geisteswissenschaftliche Bücher verstärkt sich, wenn man den Blick von Amerika nach Frankreich richtet. Auch hier gibt es viele Universitätsverlage, aber sie spielen eine weniger tragende Rolle. Am bekanntesten sind die Presses Universitaires de France, aber sie sind zugleich am atypischsten, weil sie – trotz ihrer Präsenz an der Pariser Place de la Sorbonne bis 2006 – keiner bestimmten Universität angegliedert sind, sondern mit ihren Monografien, Lehrbüchern und Einführungen *(Que sais-je?)* die gesamte akademische Nation zu repräsentieren vorgeben. Beim Rest der Universitätsverlage handelt es sich dagegen um Provinzverlage, die hauptsächlich als Auffangbecken für Qualifikationsschriften der eigenen Hochschule dienen. Sie sind von den vornehmsten Adressen für geisteswissenschaftliche Monografien so weit entfernt wie Grenoble von Paris. Das größte Prestige haben in Frankreich die traditionsreichen Publikumsverlage – Namen wie Fayard, Gallimard, Grasset, Le Seuil oder Minuit. Wer es in Frankreich als Gelehrter zu Ansehen bringen will, publiziert mit Vorteil in einem dieser Pariser Häuser.

Die frühverstorbene Medienwissenschaftlerin Sophie Barluet hat 2004 im geistes- und sozialwissenschaftlichen Publikationswesen eine Absatzkrise ausgemacht, die sich seit Mitte der neunziger Jahre in schwindenden Umsatzzahlen der Buchverlage niedergeschlagen habe.[9] Anders als Thompson interpretierte Barluet die Absatzkrise jedoch auch als Ausdruck einer Angebotskrise. Ihr zufolge verschwinden die Werke, die über Spezialistenkreise hinaus Resonanz erzeugen und damit für den öffentlichen Ruf einer Disziplin entscheidender sind als alle anderen Publikationen. Die geisteswissenschaftliche Forschung ist in Barluets Augen zu spezialisiert und zu introvertiert geworden, um intellektuelle Schwergewichte mit publizistischer Strahlkraft wie Lévi-Strauss' *Tristes Tropiques* oder Foucaults *Surveiller et punir* hervorzubringen. Verkauften sich die großen Würfe

9 Sophie Barluet, *Edition de sciences humaines et sociales. Le cœur en danger*. Paris: PUF 2004.

französischer Gelehrter der fünfziger bis siebziger Jahre zu Zehntausenden oder sogar zu Hunderttausenden, gilt heute bereits ein Resultat im unteren vierstelligen Bereich als publizistischer Erfolg. Laut François Gèze, dem Verlagschef von La Découverte, lag die Anzahl verkaufter Exemplare 1980 bei durchschnittlich 2200, 1988 bei 1200 und Anfang der Nullerjahre bei 600.

Hauptleidtragende dieses Niedergangs sind nun, so Barluet, weniger die provinziellen Universitätsverlage, die auf Staatskosten munter am Lesermarkt vorbeidrucken können, als die renommierten Pariser Publikumsverlage. Deren Bedeutung für die Geisteswissenschaften liegt nicht nur in der Qualität ihrer Bücher, sondern auch in der breiten Aufmerksamkeit, die sie auf ihre Titel ziehen, und in der öffentlichen Autorität, die sie ihren Autoren verleihen. Sie erfüllen damit für den akademischen Betrieb, zu dem sie selber gerne demonstrativ auf Distanz gehen, eine unersetzbare Ordnungs- und Legitimationsfunktion. Können sie diese aus Mangel an publizistischem Rohmaterial nicht mehr wahrnehmen, werden die Geisteswissenschaften in ihrem Kern getroffen. Daher der dramatische Untertitel von Barluets Studie: *Le cœur en danger*.

Barluet belässt es nicht bei der Diagnose, sie verordnet auch eine Therapie. Allerdings akzentuiert sie mit ihr nur den Ernst der Lage. Ihr Lösungsansatz besteht hauptsächlich im Herumschrauben an der staatlichen Subventionsmaschine, in der das Centre National du Livre das wichtigste Rad ist. Dieses soll nach Barluets Willen zugleich eine qualitativ selektivere und quantitativ signifikantere Unterstützungspolitik betreiben, von der nun auch die renommierten Publikumsverlage verstärkt profitieren würden. Gleichzeitig fordert sie von den Akademikern eine Rückbesinnung auf Titel mit hoher Originalität und breitem Rezeptionspotential. Damit verschreibt sie dem kranken Herzen des geisteswissenschaftlichen Verlagswesens genau jenen Wirkstoff, den seine früheren Bewohner, die unabhängigen Verleger der fünfziger bis achtziger Jahre, als süßes Gift der publizistischen Verkalkung verworfen haben. Für sie gehörten hohe Qualität und hohes Risiko zusammen: Erst wenn ein Verlag die finanziellen Konsequenzen seines Tuns allein zu tragen hatte, war er zum publizistischen Erfolg verdammt und investierte entsprechend in die Selektion und Redaktion seiner Titel. Es ist daher nicht ausgeschlossen, dass Barluet den Publikumsverlagen mit ihrem Existenzsicherungsplan deren frühere Erfolgsgrundlage gerade entzöge.

An der Dramatik der Diagnose ändert sich damit nichts. Die jüngsten Zahlen aus Frankreich, die aus einem Bericht des Centre National du Livre von 2012 hervorgehen, lassen die publizistische Krise in den *sciences hu-*

maines et sociales noch schärfer hervortreten.[10] Zwischen 2003 und 2010 sind die Umsätze um 20 Prozent und die durchschnittlich verkauften Auflagen um knapp 30 Prozent eingebrochen. Gleichzeitig wird gedruckt wie nie zuvor: Die Auflagen stiegen in derselben Periode um durchschnittlich 46 Prozent und die Gesamtzahl der gedruckten Exemplare sogar um 60 Prozent. Im Schnitt produzierten damit die Verlage im Jahr 2010 pro Auflage einen Überschuss von 236 Prozent. Die Zahlen zeigen eine publizistische Entwicklung Richtung Vanity Press, in der sich die Logik des Druckens von jener des Kaufens und Lesens entkoppelt hat. Die geisteswissenschaftlichen Buchverlage haben sich damit im französischen Branchenverzeichnis längst einen zweiten Eintrag verdient: als Futtermittelproduzenten für Industrieschredder.[11]

Die öffentliche Hand

Verglichen mit Frankreich scheint der größte Vorteil des deutschen Verlagswesens darin zu bestehen, dass es keine öffentlich zugänglichen Kennzahlen gibt. Betrachtet man die Verlagslandschaft, sind die Ähnlichkeiten zu Frankreich nicht zu übersehen. Eine kleine Schar renommierter Publikumsverlage wie Suhrkamp, Fischer, Beck und Hanser steht einer in Sachen Qualität, Quantität und Dignität extrem heterogenen Ansammlung von indirekten Subventionsempfängern gegenüber. Ebenso scheint in Deutschland die Lage für die eigenfinanzierten Unternehmen bedrohlicher zu sein als für die staatlich bezuschussten, denn Letztere operieren wie in Frankreich in einem von marktwirtschaftlichen Einflüssen abgeschotteten Umfeld. Sie erhalten öffentliche Mittel, um Textdateien, die meist ebenfalls mit öffentlichem Geld an staatlichen Forschungseinrichtungen entstanden sind, zu formatieren, zu drucken, zu binden und anschließend wieder an die Bibliotheken staatlicher Universitäten zu verkaufen. Nach Schätzungen von Branchenkennern stammen die Einnahmen dieser Zuschussbetriebe zu mindestens 70 Prozent aus dem Ankauf von öffentlichen Bibliotheken, während der freie Buchhandel im Schnitt weniger als 10 Prozent beiträgt. Manche Verlage haben ihr Geschäftsmodell noch dahingehend perfektioniert, dass sie auch die eigentliche Verlagsarbeit, das Lektorieren und Layouten, an

10 Marianne Lévy-Rosenwald, *L'édition en sciences humaines et sociales. Pour une contribution du CNL à son développement*. Paris: CNL 2012.

11 Caspar Hirschi/Carlos Spoerhase, *Kommerzielle Bücherzerstörung als ökonomische Praxis und literarisches Motiv. Ein vergleichender Blick auf das vorindustrielle und digitale Zeitalter*. In: *Kodex*, Nr. 3, 2013.

staatlich bezahltes Personal auslagern, indem sie von ihren Autoren druckfertige Textdateien anfordern. Damit sorgen sie dafür, dass wissenschaftliche Mitarbeiter auf den unteren Stufen der akademischen Karriereleiter ihre »Qualifikationszeit« mit dem Redigieren und Formatieren von Druckmanuskripten verbringen.

Wie hat sich dieser geschlossene staatliche Buchmarkt im letzten Jahrzehnt verändert? Am besten Aufschluss darüber gibt die Deutsche Bibliotheksstatistik, sofern man bereit ist, das verfügbare Zahlenmaterial neu zusammenzustellen, damit es umfassende Aussagen erlaubt.[12] Zwar sind in der Statistik nur die Daten von ungefähr einem Viertel der 320 wissenschaftlichen Bibliotheken komplett erfasst, unter diesen befinden sich aber die meisten großen Universitätsbibliotheken. Über die absoluten Zahlen der Bibliothekseinkäufe von geisteswissenschaftlichen Büchern lässt sich daher nichts Verlässliches sagen, wohl aber über die relativen Verschiebungen in der jüngeren Vergangenheit.

Die Gesamtausgaben der wissenschaftlichen Bibliotheken in Deutschland sind zwischen 2002 und 2012 um 40 Prozent angestiegen. Das ist weniger als in den Vereinigten Staaten, aber immer noch ein solides Wachstum. Entscheidend ist jedoch die interne Verteilung der zusätzlichen Mittel. 2002 waren die Ausgaben für geisteswissenschaftliche Bücher und für digitale Medien, unter denen die Zeitschriftenbündel bei Elsevier, Wiley und Springer rubriziert sind, gleich hoch. Während aber die geisteswissenschaftlichen Bücher bis 2012 konstant auf gleichem Niveau verharrten, versechsfachten sich die Ausgaben für digitale Medien. Berücksichtigt man zudem, dass auch im geisteswissenschaftlichen Büchermarkt Deutschlands die Anzahl der Neuerscheinungen sowie die Gesamtauflagen mit Sicherheit gestiegen sind, verschärft sich der Eindruck einer bibliothekarisch bedingten Absatzkrise, die jene der Vereinigten Staaten, wo es immerhin ein moderates Ausgabenwachstum für geisteswissenschaftliche Bücher gab, noch übertrifft.

Ein Vergleich zwischen verschiedenen Fachgebieten innerhalb der Geisteswissenschaften offenbart beträchtliche Unterschiede bei den Bibliotheksausgaben. Während die Pädagogik zwischen 2002 und 2012 um 20 Prozent zulegte, verloren die Anglistik 14, die Kunstgeschichte 18 und die Altphilologie 20 Prozent. Bei der Geschichte und Germanistik wiederum veränderte sich zahlenmäßig kaum etwas. Stellt man der Ausgabenstatistik die Beschaffungsstatistik gegenüber, fallen wiederum markante Differenzen auf. Grundsätzlich sieht die Entwicklung bei der Menge eingekaufter Bücher besser aus. Am größten ist die Kluft in der Kunstgeschichte, wo das Minus

12 www.bibliotheksstatistik.de

von 18 Prozent auf der Ausgabenseite mit einem Plus von 13 Prozent bei den Neubeschaffungen aufgewogen wurde. Die Kluft ist allerdings kaum auf einen Preisnachlass oder auf höhere Rabatte der Verlage für Bibliotheken zurückzuführen. Vielmehr legen Gespräche mit Bibliothekaren nahe, dass Universitätsbibliotheken ihre Einkaufspolitik neu ausgerichtet haben – weg von den teuren Qualifikationsschriften, Kunstbänden und Editionen hin zu den erschwinglichen Einführungen und Handbüchern, die dazu noch das Nützlichkeitsetikett höherer Lehrtauglichkeit tragen. Entsprechend haben manche Verlage ihre neue Berufung im Herausgeben von Handbüchern und Überblickswerken gefunden, die einen sicheren Absatz versprechen.

Insgesamt bietet die deutsche Bibliotheksstatistik das Bild einer großen Stagnation. Diese dürfte für die staatlich bezuschussten Verlage aber immer noch besser zu verkraften sein als die lahmende Privatnachfrage für die Publikumsverlage. Solange die Druckkostenzuschüsse sprudeln und der staatliche Geldkreislauf nahezu geschlossen bleibt, muss es nur Publikumsverlage ernsthaft kümmern, wie viele Leser sie haben und ob diese ihre Bücher kaufen oder von Bibliotheken, Internetpiraten oder Unidozenten beziehen. Ebenso müssen nur Publikumsverlage befürchten, dass ihnen Internetgiganten wie Amazon und Google Books mit ihrer Preis- und Digitalisierungspolitik das Geschäft nachhaltig vermiesen.

Da der Staat die bezuschussten Verlage am Leben hält, kann nur er ihnen das Leben nehmen. Dass er dies mit Absicht tut, ist wenig wahrscheinlich. Eher könnte das in Form eines Betriebsunfalls passieren, etwa als unbeabsichtigte Folge politischer Entscheidungen, die gegen die Gewinnmaximierung der internationalen Großverlage in den Natur-, Lebens- und Sozialwissenschaften gerichtet sind. Für die Geisteswissenschaften wäre ein unbeabsichtigtes Verlagssterben allerdings gefährlicher als ein gezielt herbeigeführtes, denn die Chance wäre groß, dass es die Falschen trifft.

Szenarien für die nahe Zukunft

Verfolgt man die internationale Diskussion über die Zukunft des wissenschaftlichen Publizierens, so zeichnen sich langsam klarere Tendenzen ab. Die Politik lässt sich ihre Agenda immer mehr von Elsevier und Konsorten diktieren. Man diskutiert intensiv über Maßnahmen gegen das verlegerische Schröpfen der Staatskassen, knickt in der Praxis aber regelmäßig vor dem lobbyistischen Zuckerbrot und der juristischen Peitsche der Konzerne ein. Der Reformprozess verläuft dadurch in allen Ländern zäh, und seine Zwischenresultate entsprechen selten dem, was die Reformer beabsichtigt haben. So hat sich etwa der »hybride« Open Access, mit dem Autoren ihre

Artikel in Bezahlzeitschriften »freikaufen« und damit einem größeren Publikum zur Verfügung stellen können, als weitere Einkommensquelle für die Verlagskonzerne entpuppt, weil diese keine Anstalten machen, gleichzeitig die Gebühren für die übrigen Zeitschriftenartikel zu senken. Erfahrungen wie diese haben in staatlichen Fördergesellschaften und Forschungsbibliotheken den Konsens verstärkt, dass die Lösung im »goldenen« Open Access liegen müsse, mit dem alle wissenschaftlichen Publikationen sogleich gemeinfrei sind und die Verlagskonzerne für den Vertrieb und Konsum ihrer Produkte nichts mehr verlangen können.

Ob durch die goldene Gemeinfreiheit aber tatsächlich mehr Gold in den Staatsschatullen bleibt, ist noch längst nicht klar. Die Großverlage können sich weiterhin den publizistischen Herdentrieb zunutze machen, den die Zeitschriftenrankings bei Natur-, Lebens- und Sozialwissenschaftlern ausgelöst haben. Solange die Pforten ihrer höchstrangierten Journale von den Forschenden regelrecht eingerannt werden, haben die Verlage die Möglichkeit, die Einnahmen, die ihnen am Ende der Produktionskette wegfallen, gleich am Anfang einzustreichen. Kaum ein wissenschaftlicher Autor wird sich eine Publikation in einer prestigeträchtigen Zeitschrift entgehen lassen, wenn er für seine zehn bis zwanzig Seiten Text 10 000 bis 20 000 Euro hinlegen muss, zumal es auch hier in den allermeisten Fällen nicht der Autor selbst, sondern seine Forschungsinstitution ist, die für die Publikationsgebühr in die Taschen greift.

Setzt sich der goldene Standard auf breiter Basis durch, kann es daher gut sein, dass die Zeitschriftenkonzerne mit ein paar Kratzern davonkommen und die Buchverlage den Kollateralschaden davontragen. Am stärksten getroffen würden wohl die Publikumsverlage, die zum Ansehen der Geisteswissenschaften am meisten beigetragen haben. Können Suhrkamp, Fischer, Beck oder Hanser für Bücher, die auf staatlich finanzierter Forschung beruhen, kein Geld mehr verlangen, bricht ihnen das ökonomische Fundament weg, zumal nicht wenige ihrer Wissenschaftsprogramme schon jetzt Verluste einfahren, die verlagsintern durch einträglichere Sparten kompensiert werden.

Die staatlich bezuschussten Verlage dagegen werden von einem goldenen Open Access nicht existentiell bedroht, haben sie doch immer noch die Möglichkeit, mit den öffentlichen Geldgebern ein neues Subventionsregime auszuhandeln. Für einige Verlage mag diese Aussicht sogar verlockend sein, allen voran für de Gruyter, der sich in jüngster Zeit durch Aufkäufe anderer Verlage und Investitionen in Online-Angebote zum geisteswissenschaftlichen Pendant naturwissenschaftlicher Großverlage gemausert hat. Bei de Gruyter scheint man zu antizipieren, dass staatliche Zuschüsse bald nicht mehr für den Druck, sondern nur noch für die digitale Aufbereitung von Textdateien fließen werden. In der Schweiz ist dieser Schritt mit dem neuen, im April 2014 erlassenen Förderreglement des Nationalfonds bereits erfolgt.[13]

Tatsächlich spricht wenig dafür, Verlage zu unterstützen, die Autorendateien in gebundener Form an Bibliotheken ausliefern, wenn ein digitaler Vertrieb der gleichen Dateien billiger, schneller und vor allem beliebter ist. Bei Aufsatzpublikationen hat sich der digitale Vertriebsweg bereits weitgehend durchgesetzt, wobei nicht die Verlage, sondern die Universitäten und Bibliotheken aktiv Mithilfe geleistet haben. Es mag daher gut sein, dass es in Zukunft auch für die meisten Publikationen größeren Formats nützlicher sein wird, wenn Verlage auf das Layout einer digitalen Ausgabe statt den Druck eines Buches setzen, das nur noch als Illusionsraum von Öffentlichkeit dient.

Das heißt jedoch nicht, dass sich Fördergesellschaften der Strategie verschreiben sollten, Bücher zur Gänze durch Digitalisate zu ersetzen. Sie würden damit das Kind mit dem Bade ausschütten. Das Buch ist für die Geisteswissenschaften noch immer das perfekte Medium, um das zu erreichen, was den Natur- und Technikwissenschaften seit langem nicht mehr gelingt: Spezialisten und Laien zugleich mit intellektueller Nahrung zu versorgen. Damit es mit dieser doppelten Versorgung wieder besser klappt als in der jüngeren Vergangenheit, müssen sich Geisteswissenschaftler in ihrem Wissenschaftsverständnis und Sprachstil von der Mimikry der Naturwissenschaften lossagen, und Verlage müssen endlich ihre intellektuelle Brückenbauerkompetenz zwischen Autoren und Publikum wahrnehmen, indem sie die Texte vor dem Druck einem gründlichen Lektorat unterziehen.

Die Zukunft des geisteswissenschaftlichen Buches dürfte aber erst gesichert sein, wenn wieder weniger Masse, dafür aber mehr Klasse produziert wird. Hier sind Autoren und Verlage gleichermaßen gefordert. Wird auf Teufel komm raus publiziert, entziehen Leser und Rezensenten dem einzelnen Buch mit gutem Grund ihre Aufmerksamkeit, denn Autoren und Verleger tun schließlich das Gleiche. Autoren kultivieren ein Leistungsdenken, das sich an der Länge der Publikationsliste misst, und Verlage praktizieren ein Vorsichtsdenken, das sie lieber eine ganze Herde ins Rennen schicken als mit großem Einsatz auf ein starkes Pferd setzen lässt. Beide Seiten bringen damit das geisteswissenschaftliche Publikationswesen an den Rand des Systemkollapses.

13 www.snf.ch/de/fokusForschung/newsroom/Seiten/news-140416-publikationsfoerderung-digitale-verbreitung-open-access.aspx

In der aktuellen Situation, in der die Maxime »publish or perish« längst ausgedient hat, weil in der Regel gerade das massive Veröffentlichen auf ein schnelles Verschwinden hinausläuft, gilt es, den Mut zur Reduktion wiederzufinden. Viele geisteswissenschaftliche Verlage werden ihn nicht aufbringen, am allerwenigsten jene, die jüngst Portale zum akademischen Selbstpublizieren eingerichtet haben, auf denen man veröffentlichen kann, was auch immer man will, vorausgesetzt, man bringt das nötige Kleingeld mit.[14] Für einen Richtungswechsel bedarf es vielleicht einer jungen, unvorbelasteten Generation von Verlegern und Lektoren, die zugleich bibliophil und netzaffin ist und für beide Sphären neue Bühnen gestaltet, mit denen sie dem Forschungsbetrieb wieder Anregungen von außen verleihen kann, wie es die Publikumsverlage in der Nachkriegszeit mit großem Erfolg geschafft haben. Den Geisteswissenschaften könnte nichts Besseres geschehen.

Dirk Baecker

Zur Nullzinspolitik der Notenbanken

An der Schwelle zur nächsten Gesellschaft

Die aktuelle Niedrig- und Nullzinspolitik der Notenbanken in Japan, Europa und Amerika hat sicherlich viele Gründe. Wirtschaftspolitisch geht es darum, den Preis eines Gutes oder einer Leistung, in unserem Fall des Geldes, so weit zu senken, dass die Nachfrage nach diesem Gut oder dieser Leistung wieder steigt. Offenbar gehen die Notenbanken davon aus, dass die Nachfrage nach Geld in ihren Wirtschaftsräumen zu niedrig ist. Es geht darum, wirtschaftliche Aktivitäten anzukurbeln. Wirtschaftspolitisch ist damit zugleich die Erwartung der Stabilisierung eines Währungsraums verbunden, in dem offenbar weniger Geschäfte stattfinden, als es politisch wünschenswert erscheint. Auch wenn mit einer Niedrig- und Nullzinspolitik der Wert der Währung sinkt, kann dies dank der damit verbundenen Stärkung der Exportindustrie (bei gleichzeitiger Schwächung der Importindustrie, mittlerweile meist ein und dieselbe) durch niedrigere Preise ihrer Güter und Leistungen mit einer erhöhten Wirtschaftsaktivität einhergehen.

14 *Selfpublishing für Akademiker. De Gruyter startet Selfpublishingdienst »Publoris« mit Mybestseller* (www.buchreport.de).

Und nicht zuletzt senkt die Notenbank mit ihren Zinsen die Kosten der Verschuldung der staatlichen Haushalte gegenüber Privaten. Dies nutzt trotz der Senkung der Renditen der Privaten auch deren Interessen, weil so von einer höheren Stabilität bei der Bedienung der Schulden des Staates auszugehen ist.

Wirtschaftspolitisch bewegt sich die Zinspolitik der Notenbanken damit im Rahmen eines ökonomisch definierten Spiels, in dem der Wert einer Sache durch ihren Preis derart variiert werden kann, dass die Nachfrage steigt oder sinkt. Vorausgesetzt ist dabei eine normale Preiselastizität der Nachfrage, der gemäß die Nachfrage steigt, wenn der Preis sinkt. Allerdings kennen die Ökonomen auch Fälle einer preisunelastischen Nachfrage, in der der Absatz eines Gutes oder einer Leistung nicht vom Preis abhängt, und Fälle einer anormal elastischen Nachfrage, in der der Absatz mit dem Preis des Gutes oder der Leistung steigt. Sollten wir es im Fall der Zinspolitik der Notenbanken mit einem solchen anormalen Fall zu tun haben? Sollte die Nachfrage nach Yen, Euro und Dollar sinken, wenn die Kreditaufnahme in diesen Währungen günstiger wird?

Die Theorie der Preiselastizitäten lehrt uns, dass man eine solche Frage nicht absolut, sondern nur relativ beantworten kann. Die Nachfrage nach einem Gut ist nur dann preisunelastisch (immer im Rahmen bestimmter Budgetrestriktionen; wenn kein Geld mehr da ist, kann man auch nicht mehr zahlen), wenn es keine Ausweichmöglichkeiten auf andere Güter gibt, die eine ähnliche, möglicherweise unverzichtbare Leistung erbringen. Und die Nachfrage nach einem Gut ist nur dann anormal elastisch, wenn der Wert eines Gutes von der Höhe des für dieses Gut zu zahlenden Preises direkt abhängig ist. Was nichts kostet, kann nichts wert sein; was teuer ist, muss auch wertvoll sein. Wohin also würde man ausweichen, wenn man sich, einmal das Schlimmste angenommen, für Dollar, Yen und Euro nicht mehr oder nicht mehr so sehr interessiert?

Die Kultursoziologie lehrt uns, dass man für die Suche nach einer Antwort auf diese Frage nicht nur an andere Währungen denken muss. Sicherlich ist der Schweizer Franken eine interessante Alternative zu Währungen, die von ihren Notenbanken für einen politischen Poker eingesetzt werden. Und auch der chinesische Renminbi oder der saudische Rial sind interessant, wenn man an die Wachstumschancen ihrer Wirtschaftsräume denkt. Tatsächlich kann man jedoch auch noch eine andere Möglichkeit in Betracht ziehen. Möglicherweise verlieren der Dollar, der Yen und der Euro an Wert, weil ganz andere Währungen an Wert gewinnen. Und möglicherweise wird dies über kurz oder lang auch den Franken, den Renminbi und den Rial betreffen. Möglicherweise verliert das Geld seine zentrale Stellung in der

Orientierung über die Zukunftschancen der Gesellschaft und rückt eine andere Währung an seine Stelle.

Die Rolle des Geldes

Die Vermutung, dass das Geld insgesamt an Wert verliert – man denke nur an die weltweite Inflation der Millionäre und Milliardäre –, kann nur unter einer Reihe von Voraussetzungen geprüft werden, die jenseits der ökonomischen Theorie auf das Feld der Soziologie und Kulturtheorie führen. Welche Rolle spielt das Geld in der Gesellschaft, und welche kulturellen Alternativen könnte man sich dazu unter welchen Annahmen vorstellen? Es ist bekannt, dass das Geld erst in der modernen Gesellschaft den Wert erhalten hat, den es gegenwärtig schon wieder zu verlieren scheint. Haben wir es also mit einem Ende nicht nur der Bedeutung des Geldes, sondern auch der Dominanz der modernen Gesellschaft zu tun? Tritt etwas anderes an deren Stelle?

Georg Simmel hat in seiner *Philosophie des Geldes* (1900) den Wert des Geldes für die moderne Gesellschaft aus seiner Fähigkeit bestimmt, sich als »Mittel schlechthin« in alle Handlungsketten einer Gesellschaft hineinschmuggeln und dort zum »Glied einer Reihe« werden zu können, die es hinfort normiert und dominiert. Geld ist nicht alles, aber ohne Geld ist alles nichts. Alles Ständische »verdampft«, heißt es bei Karl Marx und Friedrich Engels im *Kommunistischen Manifest* von 1848. Alte soziale Bindungen werden aufgelöst, so analysiert Simmel, und neue geschaffen. Je nachdem, ob man die symbolischen oder die diabolischen Seiten des Geldes betonen möchte, wie Niklas Luhmann sie beschrieben hat (*Die Wirtschaft der Gesellschaft*, 1988), wird man eher dazu neigen, zu beschreiben, wie die Solidarität der bäuerlichen Familie, des Clans und des Standes, in den man hineingeboren wurde, sich auflöst, weil die Aussicht auf monetäres Einkommen hinaus ins Freie lockt, oder zu beschreiben, wie diese Aussicht dazu genutzt wird, Industrien mit Arbeitskraft zu versorgen, Märkte für Konsumgüter zu schaffen und eine Infrastruktur der Gesellschaft aufzubauen, die ein ungeahntes Wirtschaftswachstum und einen neuen Wohlstand ermöglichen, allerdings auch mit großem Elend bezahlt werden, solange der Staat noch nicht entdeckt hat, dass nur Umverteilung das Gesamtsystem stabilisieren kann.

Der Wettbewerb, sagt Joseph Schumpeter (*Kapitalismus, Sozialismus und Demokratie*, 1942), ist ebenso zerstörerisch wie schöpferisch. Das Geld, sagen Michel Aglietta und André Orléan (*La violence de la monnaie*, 1982) unter Berufung auf René Girard (*La violence et le sacré*, 1972), stellt jenes Medium zur Verfügung, in dem Konflikte zwischen sich imitierenden

Rivalen – man denke an die Konsumkonkurrenz unter Nachbarn und in Peergruppen ebenso wie an die Prestigekonkurrenz unter Managern und Unternehmern – relativ gewaltfrei ausgetragen werden können, weil es hier keine Nullsummenkonstanzprämisse gibt. Das Geld, das der Eine verdient und ausgibt, verhindert nicht, dass der Andere nicht auch Geld verdient und ausgibt. Im Gegenteil, solange das Geld zirkuliert und nicht gehortet wird, hat im Auf und Ab der Vermögensdispositionen jeder eine Chance.

All das ist bekannt. Bekannt ist auch – genau dafür steht der Begriff des »Kapitalismus« –, dass das Geld seine gesellschaftliche Stellung in der modernen Gesellschaft weit über das hinaus steigern konnte, was man in der tribalen, antiken oder mittelalterlichen Gesellschaft gewohnt war, in denen Fragen der Magie, der politischen Macht, der sozialen Schichtung eine mindestens genauso große Rolle spielten. Zwar kann man auch in der modernen Gesellschaft noch lange nicht alles für Geld kaufen – das Seelenheil seit der Reformation, die politischen Ämter seit der parlamentarischen Kontrolle des Staates und die Liebe seit der Einführung der romantisch passionierten Liebe sind die berühmten und tonangebenden Ausnahmen –, aber dass die Chancen auch in der Liebe, in der Bildung, im Erwerb politischer Ämter und nicht zuletzt in einer gottgefälligen karitativen und philanthropischen Arbeit steigen, wenn man Geld zur Verfügung hat, ist nicht ganz von der Hand zu weisen.

Was also zeichnet das Geld in seiner einzigartigen Stellung in der modernen Gesellschaft aus? Georg Simmels Vermutung war, dass die moderne Gesellschaft »rechenhaft« ist und dass das Geld dank seiner »unbedingt nachgiebigen« und zugleich sachlich »indifferenten« Fähigkeit, in beliebigen quantitativen Einheiten auftreten zu können und beliebig teilbar zu sein, das konkurrenzlos leistungsfähigste Medium sei, in dem jede Art von Rechnung vorgenommen werden könne. Der Gedanke war vor allem kulturkritisch so überzeugend, dass Rechnungen in anderen Medien, etwa politische, religiöse, amouröse oder wissenschaftliche Kalküle, allenfalls noch als Metaphern ernst genommen wurden. Das hat die Leute nicht daran gehindert, sich auch in diesen Rechnungen an ihren Möglichkeiten zu orientieren. Doch bestimmte dies eine soziale Praxis, die nur unzureichend von einer Semantik der Selbstbeschreibung begleitet wurde. Man tat es, hatte dafür jedoch nur selten Worte. Man kann dies als Beleg dafür lesen, dass die soziale Intelligenz der verbalen allemal voraus ist. Alles andere würde den Bestand der Gesellschaft auch ernsthaft gefährden. Erst die Theorie strategischer Spiele hat an dieser mangelnden Selbstbeschreibung in den vergangenen Jahrzehnten wieder etwas geändert, aber auch diese Theorie versucht, Handlungsalternativen möglichst quantitativ zu bewerten.

Ist es das also? Leben wir in einer durchmonetarisierten, quantitativ rechenhaften Gesellschaft, in der qualitative Währungen wie jene der Ehre, des Erfolgs, des Prestiges, des Einflusses, der Intelligenz, des Respekts, der Kompetenz, des Charakters, der Ehrlichkeit, der Aufrichtigkeit, der Verlässlichkeit, der Bildung nur noch eine Schattenexistenz führen?

Fakt ist, dass die moderne Gesellschaft als strukturelle und kulturelle Antwort auf die Einführung und Durchsetzung des Buchdrucks ihre wichtigste soziale Orientierung nicht mehr in sozialen Schichten findet, sondern in sogenannten Medien der Kommunikation. Das ist eine der wichtigsten Thesen des Soziologen Talcott Parsons (*Zur Theorie der sozialen Interaktionsmedien*, 1980). Die relativ statische Ordnung der sozialen Schichtung mit ihren begrenzten Möglichkeiten der vertikalen wie regionalen Mobilität (man musste sich in den Adelsstand heben lassen oder heiraten, um sich vertikal zu verbessern; und nur der Adel, die Kaufleute, die Missionare, die Soldaten und die Vagabunden waren regional unterwegs) wird von einer dynamischen Ordnung überformt, in der nicht mehr Geburt und Stand entscheidend sind, sondern das Geschick im Umgang mit diesen Medien.

Man konnte das lange übersehen, weil dieses Geschick an den Stand rückgekoppelt war, in den man hineingeboren war. Man benötigte Bildung und Vermögen, um die erforderliche Zeit zu haben, sich mit den Spielen politischer Macht, mit den Ansprüchen wissenschaftlicher Wahrheit, mit dem Raffinement romantischer Liebe, mit der Subtilität von Geschmacksurteilen in der Kunst oder mit den Chancen auf günstige gerichtliche Urteile zu beschäftigen. Aber das ändert nichts daran, dass diese Medien prinzipiell zugangsoffen konstruiert sind. Eben das fordert seit der Französischen Revolution das Prinzip der chancengleichen Inklusion aller in die Gesellschaft.

Der Vorteil des Geldes gegenüber den Medien der Macht, Wahrheit, Liebe, Kunst und des Rechts besteht nicht darin, dass es rechenhafter ist, sondern darin, dass es flüssiger ist. Auch die Liquidität des Geldes ist letztlich physikalisch ebenso wie durch Transaktionskosten beschränkt. Dennoch bietet es gegenüber allen anderen Medien erhebliche Zeitvorteile in seiner Fähigkeit, in verschiedenen Summen investiert, wieder zurückgezogen, verlagert, zu verschiedenen Portfolios zusammengestellt, wiederaufgelöst und neukombiniert zu werden. Eine Geldtheorie wie jene von John G. Gurley und Edward S. Shaw (*Money in a Theory of Finance*, 1960) kann nach Belieben auf höchst liquide wie auch höchst illiquide »Titel« angewandt werden, da die entscheidende Frage nur diejenige ist, welche zukünftigen Erwartungen der Vermögenssicherung und -steigerung mit welchen dieser Titel verbunden sind. Bargeld, das inflationärem Wertverlust unterliegt, steht in Konkurrenz mit Anleihen und Aktien, aber eben auch mit Maschinen, Patenten, Immobilien, Kunstobjekten und Humankapital, die sich monetär nur im Grad der Fähigkeit unterscheiden, sie bei Bedarf flüssig zu machen, um einen gegenwärtigen Konsumbedarf aus ihnen zu decken oder neuauftauchenden Vermögenssicherungschancen und Gewinnaussichten nachgehen zu können.

Das Ende der Moderne

Nicht in der Rechenhaftigkeit, sondern in der Flüssigkeit triumphiert das Geld über alle anderen Währungen und Medien. Aber ein solcher Triumph ist nichts, worauf man sich in einer dynamischen Moderne ausruhen könnte. Liquide ist in der Moderne vieles, nicht nur das Geld, worauf nicht zuletzt Zygmunt Bauman immer wieder aufmerksam macht (*Liquid Modernity*, 2000). Könnte es also sein, dass der Wertverlust des Geldes, den wir mit der Niedrig- und Nullzinspolitik der Notenbanken ausmachen zu können glauben, auch damit etwas zu tun hat, dass andere Währungen und Medien flüssiger geworden sind? Das wäre eine Gewichtsverschiebung in der Moderne, um die die Demokratie zugunsten der Macht, die Pädagogik zugunsten der Bildung, die Kunst zugunsten der Ästhetik, die Wissenschaft zugunsten einer objektiven Wahrheit und das Recht zugunsten gültiger Normen lange und vergeblich gekämpft haben. Oder kommt gar die Moderne an ihr Ende, und wird deswegen nicht nur ein anderes Medium, sondern sogar ein neues Prinzip der Orientierung wichtiger?

Ein Ende der Moderne postulieren wir nicht aus reinem Spaß an der Apokalypse. Es geht um nichts anderes als die Fortsetzung einer historischen Einsicht. Wenn sich die moderne Gesellschaft mit ihren Strukturen der Differenzierung in Funktionssysteme und mit ihrer Kultur unruhig selbstreferentieller Systeme der Einführung und Durchsetzung des Buchdrucks verdankt, wie es bereits Marshall McLuhan vermutet (*Understanding Media*, 1964) und nach Talcott Parsons auch Niklas Luhmann gezeigt hat (*Die Gesellschaft der Gesellschaft*, 1997), dann könnte ein Medienbruch vergleichbaren Ausmaßes das Ende der modernen Gesellschaft und den Anfang einer neuen Gesellschaft ankündigen. Immerhin haben auch die Einführung und Durchsetzung des Buchdrucks das Ende einer früheren Gesellschaftsformation bedeutet, das Ende der antiken Schriftgesellschaft, und immerhin hat auch diese sich mit der Einführung und Durchsetzung der Schrift nur deswegen etablieren können, weil die noch frühere tribale Gesellschaft, basierend auf dem Prinzip der Mündlichkeit, mit der Schrift nicht zurechtkam.

Wir haben es demnach, das wäre die kulturtheoretische Hypothese, mit mindestens vier Medienepochen, der tribalen, antiken, modernen und nächsten Gesellschaft zu tun, die sich jeweils nur insofern dem Fortschritt der Menschheit verdanken, als jede neue Einführung und Durchsetzung eines gesellschaftsweit dominanten Mediums eine strukturelle und kulturelle Katastrophe ausgelöst hat, die nur durch neue Strukturen und Kulturen aufgefangen werden konnte.

Die These von einem Ende der Moderne ist nicht neu. Bruno Latour (*Nous n'avons jamais été modernes*, 1991) hat sie ebenso aufgestellt wie Manuel Castells (*The Rise of the Network Society*, 1996), Francis Fukuyama (*The End of History and the Last Man*, 1992), Peter Drucker (*Landmarks of Tomorrow*, 1957), Niklas Luhmann und viele andere. Nur in der Frage der Benennung von Ursachen, Umständen und Folgen unterscheidet man sich. Für einige handelt es sich um nicht viel mehr als den Abschied von einer modernen Ideologie der Vernunft und Aufklärung, die zwischen Natur, Mensch und Geschichte schärfer unterschied, als es die komplexe Wirklichkeit zulässt. Und für andere, denen wir uns hier anschließen, ist auch dieser Abschied in einer medientechnischen Entwicklung begründet, die die Verhältnisse der Gesellschaft gründlich verändert. Aufstellen lässt sich eine solche medientheoretische These allerdings nur, wenn man die Einführung und Durchsetzung neuer Medien mit den Strukturen und Kulturen der Gesellschaft korreliert. Es müssen Strukturen benannt werden können, die für die Verteilung neuer Medieneffekte Sorge tragen, also etwa dafür sorgen, dass Sprache, Schrift und Buchdruck nicht nur möglich werden, sondern auch Verwendung finden, in Gesprächen, im Aufschreiben und Wiederlesen von Inschriften, Quittungen, Manuskripten und Notizen, im Schreiben, Drucken und Lesen von Büchern, Flugblättern, Akten, Geldnoten, Zeugnissen und sonstigen Druckprodukten.

Erst die Verteilung überfordert die vorherigen Strukturen und versetzt die Gesellschaft in die Unruhe neuer Strukturen. Und es müssen, so wiederum eine These von Luhmann (*Die Gesellschaft der Gesellschaft*, Kapitel 2.), neue Kulturformen entstehen, die in der Lage sind, dem »Überschusssinn« der Kommunikation, der in den neuen Strukturen produziert wird, einen verdichteten, vergleichenden und insofern einheitlichen Sinn abzugewinnen. Dieser Sinn einer Kulturform besteht nicht zuletzt darin, Kommunikation ablehnen und vor diesem Hintergrund selektiv zulassen zu können. Anders kann man sich den Prozess der Neuzulassung eines Mediums in der Gesellschaft nicht vorstellen. Kommunikation muss negiert werden können, um sie dann auch annehmen zu wollen. Andernfalls – das zu übersehen war Friedrich Kittlers poetologisch so produktiver Irrtum – gäbe es keine evolutionären Spielräume zwischen einer Medientechnik und ihrer gesellschaftlichen Verwendung. Medientheoretiker und Soziologen sollten gemeinsam daran arbeiten, diese Spielräume zu bestimmen. Das wäre interessanter, als eine Debatte um technische Determination zu führen.

Die Einführungen und Durchsetzungen der Sprache in der tribalen Gesellschaft, der Schrift in der antiken Gesellschaft und des Buchdrucks in der modernen Gesellschaft, so historisch grobgeschnitzt diese Zäsuren auch sein mögen, geben demnach das Maß vor, an dem auch ein Ende der Moderne gemessen werden müsste. Und in der Tat erfüllt die Einführung und Durchsetzung der Elektrizität diese Kriterien mit Bravour, da erst jetzt den Globus umspannende »instantane« Verknüpfungen möglich werden, die im Prinzip, nicht unbedingt in der Sache, jede gesellschaftliche Entscheidung mit jeder anderen zu verbinden vermögen.

Diesen Hinweis auf die Bedeutung der Instantaneität verdanken wir wiederum Marshall McLuhan, der auch die These aufgestellt hat, dass erst diese Verknüpfung die Voraussetzungen dafür schaffte, dass Geld und Kredit in der gegenwärtigen Gesellschaft in einem wesentlich höheren Maße »verschmelzen« als dies zuvor der Fall sein konnte (*Understanding Media*, Kapitel 14). Und sie verschmelzen im Prinzip der Information darüber, wer sich mit welchem Vermögen an welchen Aktivitäten der Gesellschaft beteiligen kann. Das Geld, sagt McLuhan, sei des armen Mannes Kreditkarte, weil es in seinem Besitz dokumentiert, dass eine Notenbank für die Ansprüche geradesteht, die dieser Mann etwa aus seiner Arbeit erworben hat. Das Geld als eine »Anweisung auf Gesellschaft« zu bezeichnen, ist eine Formulierung, die sich auch bei Simmel findet.

Das Medium der Elektrizität

Aber langsam. Zunächst müssen wir verstehen, was es mit dem Medium der Elektrizität auf sich hat, das die Möglichkeit instantaner Verknüpfung über den gesamten Globus, eben so weit die Stromkabel reichen, begründet. Es geht nicht darum, dass Raum und Zeit sich auflösen, wie man zuweilen liest. Raum und Zeit werden neu geordnet. Der Raum ist nicht mehr das, was trennt, sondern das, was sich entweder erreichen lässt oder auch nicht. Darüber hinaus ist der Raum der Ort, an dem Lokales und Globales jeweils neu kombiniert werden, ohne dass jemals feststeht, welche lokalen und welche globalen Referenzen sich für diese Kombination eignen. Und die Zeit löst sich aus ihren mehr oder minder natürlichen Rhythmen des Tages, der Saison, des Jahres und der Generationen, aus ihrer historischen Ordnung von Vergangenheit, Gegenwart und Zukunft, ganz zu schweigen von der tribalen Ordnung von Flüchtigkeit und Ewigkeit, und wird komplex. In einem strikten Regime der Gleichzeitigkeit begründet sie nichtlineare Ordnungen der Störung, des Zufalls und der Trägheit, in denen sich auf jeweils unvorhersehbare Weise reversible und irreversible Vorgänge kreuzen, überlagern, ergänzen und negieren. Möglicherweise beschert dies dem Systembegriff ein erneuertes Interesse, denn »System« ist jetzt wie auch schon früher nicht mehr das, was sich in der Zeit entwickelt, sondern das, was sich in dieser komplexen Zeit der Gleichzeitigkeit erhält – solange es sich erhält. Das System ist die Wiedereinführung der Reversibilität in die irreversible Zeit, solange es ihm gelingt, den Zwang zur Selbstauflösung, den ihm die Zeit beschert, zur selektiven Neuverknüpfung zu nutzen, wie Luhmann treffend formuliert (*Soziale Systeme*, 1984, S. 394).

Andererseits ist nicht das System, sondern das Netzwerk der Leitbegriff dieser im Medium der Elektrizität konnektionistischen Gesellschaft, als deren wichtigstes Strukturprinzip, folgen wir Paul Cilliers (*Complexity and Postmodernism*, 1998), sich die hebbsche Lernregel herausstellen könnte, jene vom Psychologen Donald Olding Hebb (*The Organization of Behavior*, 1949) aufgestellte Regel, dass Neuronen, die sich wiederholt gegenseitig befeuern, metabolische Veränderungen entwickeln, die die Effizienz ihrer Verbindung steigern: »what fires together, wires together«.

Überhaupt entwickelt sich die Neurophysiologie, selbst ein Ergebnis dieser Regel, zur Leitwissenschaft einer Gesellschaft, die versucht, den Folgen der Einführung und Durchsetzung der Elektrizität auf die Spur zu kommen. Die Neurophysiologie ist angesichts des Gehirns per se mit einer Komplexität beschäftigt, in der hochgradige Verknüpfung, sich laufend verschiebende Potentiale, eine hohe Plastizität und eine dennoch vollkommene Rätselhaftigkeit jeder Art von Ordnung zusammentreffen. Die alten Metaphern der Architektur, des Organismus und der Kette, die so lange und bis in den Systembegriff hinein die Ordnung der Welt beschrieben haben (Christian Strub, *Weltzusammenhänge*. 2011), versagen angesichts eines eher ökologischen Prinzips einer erst zufalls-, dann pfadabhängigen Evolution, die sich in ihrer eigenen Vielfalt erfüllt und nur im Tod ihre Grenzen findet.

Schon um die Wende zum 20. Jahrhundert wird die Ordnung der Gesellschaft als eine der »Ströme und Strahlen« beschrieben (Christoph Asendorf, *Ströme und Strahlen. Das langsame Verschwinden der Materie um 1900*, 1989), auch wenn die Materie damals nicht verschwunden ist, bis heute nicht und nie verschwinden wird, solange es überhaupt etwas und nicht vielmehr nichts gibt. Wichtiger ist das Auftreten von Verknüpfungen, die sich weder an die feudale Ordnung sozialer Schichtung noch an die moderne Ordnung der Funktionssysteme halten, sondern viele Beobachter noch am ehesten an die Rolle der Magie in der tribalen Gesellschaft erinnern. Die neuen Netzwerke disponieren ebenso unbekümmert über Hierarchien wie Funktionen; sie benötigen beides, unterwerfen sich jedoch weder dem einen noch dem anderen. Eine unvernünftige Welt ohne Zentrum und ohne Spitze. Kulturell gewitzte Beobachter wie Kasimir Malewitsch, Walter Benjamin und Siegfried Kracauer studieren am Film die ebenso desaströsen wie faszinierenden Möglichkeiten einer Montage, die nur noch den Prinzipien der Assoziation und deren Unterbrechung geschuldet sind.

Jede Vermutung, erst mit dem Auftreten des Computers, des Internet oder gar erst des Internet der Dinge eine neue Medienepoche sich ankündigen zu sehen, ist demnach irreführend. Die elektronischen Medien beuten den Konnektionismus nur aus, sie begründen ihn nicht. Sie erproben ihn für Techniken der Betriebsführung, der Steuerung von Produktionsanlagen, der Vernetzung von Information und Kommunikation, der Fütterung und des Zugriffs auf Datenbanken, der algorithmischen Auswertung von Ergänzendem, Ähnlichem und Vergleichbarem, der Darstellung und Auswertung von Profilen von Unternehmen, Personen, Apparaten und Ereignissen, der Veranstaltung von Online-Spielen, Online-Kursen und Online-Kooperationen. Das Medium der Elektrizität als Medium der Verschaltung, Vernetzung und Errechnung wird damit gesteigert und gezähmt zugleich. Es wird gesteigert, da immer wieder neue Möglichkeiten der instantanen Verknüpfung gefunden werden. Und es wird gezähmt, da es ohne diese Möglichkeiten nicht genutzt werden könnte und es mit diesen Möglichkeiten auf diese Möglichkeiten – bis auf weiteres – reduziert wird.

Man könnte den Bedeutungsverlust des Geldes, nach dem wir hier fragen, auf ein einziges Faktum reduzieren, auf das Faktum der nahezu kostenlosen Kopierbarkeit digitaler Produkte (Michael Hutter, *Neue Medienökonomik*, 2006). Das ist unbestreitbar wichtig, denn es hat zahlreiche Industrien, deren Geschäftsmodelle auf Kopiersperren, also Exklusionspraktiken dieser oder jener Art beruhen, in größte Schwierigkeiten gebracht und anderen Industrien, die eher auf eine Dynamik der Ansteckung setzen, ungeahnte Erfolge beschert. Aber noch wichtiger scheint mir zu sein, dass Geld und Kapital ebenso wie Macht und Politik, ganz zu schweigen von Forschung und Wissenschaft, Gott und Religion, sogar Kunst und Ästhetik, im Handumdrehen ausgehebelt werden können, wenn sich nur die richtige Verbindung, auf die viele, ohne es zu wissen, gewartet haben, einstellt. Man könnte von Killerverbindungen sprechen, deren Logik eine Logik der Ansteckung ist.

Die neue Währung heißt Information. Und deren Wissenschaft ist die Stochastik, die Lehre von der Wahrscheinlichkeit zufallsabhängiger Entwicklungen. Claude E. Shannon hat Kommunikation als stochastischen Prozess beschrieben, die Freiheitsspielräume im Setzen von Anfängen mit

Determinismen in der Fortsetzung von Reihen, Serien, Anschlüssen kombinieren (Claude E. Shannon/Warren Weaver, *The Mathematical Theory of Communication*, 1949; vgl. James Gleick, *The Information: A History, a Theory, a Flood*, 2011). Die Stochastik (abgeleitet von griech. *stóchos*, die Zielscheibe) ist eine Variante der Systemtheorie, die Interventionen in komplexe Prozesse beschreibt, deren Eigendynamik, auch Eigencharakter der beteiligten Elemente und Relationen, undurchschaubar bleibt, jedoch von den Interventionen nicht unabhängig ist. Man könnte von einer Lehre im Umgang mit den Göttern sprechen, wie die alten Griechen sie vielfach entwickelt haben.

Nullzinspolitik

Wir fragen hier nach Reflexionsformen von medientheoretisch bestimmten Epochen der Gesellschaftsgeschichte. Geld, so sagten wir, ist die dominante Reflexionsform der modernen Gesellschaft. Es ist nicht das strukturell dominante Medium, denn in dieser Hinsicht konkurriert es mit der Macht, der Wahrheit, der Liebe, der Kunst und der Erziehung. Aber es ist das Medium, dessen Fähigkeit der Auflösung und Rekombination von Formen aller Art, so Georg Simmel, die tiefsten strukturellen Einsichten in den Charakter der modernen Gesellschaft offenbart. In der antiken Gesellschaft spielte die Macht diese Rolle. Alle Klugheitslehre in dieser Gesellschaft drehte sich um den listigen Umgang mit ihr. Und in der tribalen Gesellschaft war es die Magie, die die verlässlichsten Einsichten in die Unzuverlässigkeit der Elemente zu bieten hatte. Lässt man diese Formen Revue passieren, so gewinnt man den Eindruck, dass deren Strukturprinzip schon immer etwas mit einem Wissen um kontingente Kontiguitäten zu tun hatte, die, kaum geschehen, kleine und große Geschichten schreiben.

Die Notenbanken können die Zinsen auf Null und möglicherweise auch darüber hinaus ins Negative senken, also Geldbesitz bestrafen, weil es im Übergang von der modernen zu einer nächsten Gesellschaft darum geht, aus den so oder so zu niedrigen Gewinnerwartungen etablierter und vielfach gesättigter Märkte auszusteigen und mit maximaler Beweglichkeit in experimentelle Märkte, wenn wir sie so nennen dürfen, einzusteigen. Von der »Experimenting Society« hat Donald T. Campbell bereits in den 1970er Jahren gesprochen (*The Experimenting Society*, hrsg. v. William N. Dunn, 1998). Und dabei handelt es sich nicht nur um einen Versuch, Werbung für die Methodologie der experimentellen Forschung in den Sozialwissenschaften zu machen. Es ging darüber hinaus um ein Werben für eine Heuristik, die darin besteht, ungewöhnliche Annahmen zu treffen, neuartige Forschungsdesigns zu entwerfen und auf Lerneffekte zu setzen, die bereits im nächsten Schritt wieder korrigiert werden müssen.

Experimentelle Märkte sind Märkte, die mit neuen Attraktivitätsformaten rechnen, die im Schnittfeld politischer, wirtschaftlicher, religiöser, ideologischer, pädagogischer und ästhetischer Erwartungen liegen. Die bloße Gewinnorientierung, die Suche nach Profiten, ist blind für diese Märkte. Vielmehr kommt es auf ein altes und neues Gespür für Gelegenheiten an, die Schule machen können. Man muss etwas von scheinbar unscheinbaren Problemen verstehen, die aus heiterem Himmel einen Apparat an Lösungsversprechen zu organisieren vermögen, um einer nächsten Gesellschaft auf die Spur zu kommen, die unter komplexen, das heißt unvorhersehbar organisierten Bedingungen Phänomene hervorbringt, die keiner bekannten Kausalität und keiner vertrauten Statistik (weder jener einer Gauß-Verteilung noch jener von Potenzgesetzen), sondern hebbschen Lernregeln folgen, also dort Verdichtungen und Verknüpfungen verstärken, wo sich mehr oder minder zufällig Kontakte ergeben haben, die sich überraschenderweise eine Zeitlang bewähren und irgendwann wieder ins Leere laufen.

Die Niedrig- bis Nullzinspolitik der Notenbanken gesteht ein, dass das monetäre Kalkül keine Leitfunktion mehr hat. Macht und Geld werden nicht überflüssig, aber sie rücken ins zweite und dritte Glied. Entscheidend ist jene Art eines korrekturbereiten Wissens, das mit einer unvorhersehbaren Logik der Ansteckung rechnet und heterogene Sachverhalte jederzeit für wahrscheinlicher hält als noch so bewährte Institutionen. Unter dem Stichwort der Wissensgesellschaft werden einige dieser Einsichten längst diskutiert (Helmut Willke, *Atopia*, 2001; *Dystopia*, 2002; *Heterotopia*, 2003; Nico Stehr, *Knowledge Societies*, 1994). Worauf es jetzt ankommt, ist, die Theorie der Wissensgesellschaft, Informationsgesellschaft, Netzwerkgesellschaft oder nächsten Gesellschaft zur Methode werden zu lassen, wie es Campbell bereits vorgeschlagen hat. Dafür brauchen wir heuristische Ideen, wie sie in Shannons Informationsbegriff (stochastische Selektion), Gregory Batesons Spielbegriff (Metakommunikation über Rahmen), George Spencer-Browns Formbegriff (Wiedereintritt von Unterscheidungen in den Raum ihrer Unterscheidung), Niklas Luhmanns Systembegriff (Einheit der Differenz von Selbst- und Fremdreferenz) und einigen anderen Konzepten enthalten sind. Bleiben wir einstweilen beim Informationsbegriff. Fragen wir uns, wie viel Varietät dessen Wette auf Redundanz jeweils auszuhalten vermag. Und scannen wir mit diesem Konzept die Horizonte der Weltgesellschaft.

Alexander Kluge

Politische Geologie

Elf Geschichten

Ein wenig radioaktiv

Zu meinem achten Geburtstag erhielt ich eine »erwachsene« Uhr. Recht klobig und schwer hing sie an meinem jungen Arm: die Ziffern aus Phosphor, in der Dunkelheit hellgrün fluoreszierend. Ich weiß nicht, ob der Strahlungsträger am Arm für Kinder damals gesund war. Die Uhr begleitete mich, wenn ich spielte, in der Schule, beim Schlafen, bei Luftalarm, treu wie ein Hund. Sie hat mir Glück gebracht, denn ich kam im Krieg nicht um.

Ausgerechnet am 8. April 1945 hatte ich die Uhr noch nicht angelegt. Ich nahm sie ab, als ich mich am Morgen wusch. Es war der Sonntag nach Ostern. Ich kleidete mich provisorisch an. Nach dem Frühstück wollte ich mich umziehen, für den Tag bereitmachen. Vollalarm unterbrach alle Pläne. Noch während die Sirenen zu hören waren, näherte sich der Brummton der Geschwader. Die Stadt war nach 25 Minuten zertrümmert. Die Häuser begannen zu brennen. Wir flohen aus der Stadt, suchten Schutz in der Badeanstalt Bindseil. Hier war ausreichend Wasser. Ein Naturbassin, durchströmt von dem Fluss Holtemme. Die Wasserfläche schien uns eine brauchbare Barriere gegen den in der Ferne sichtbaren Feuersturm, der unter einer monströsen Rauchwolke Häuser und Stadt zerfraß.

Die leuchtende Uhr war in meinem Kinderzimmer liegengeblieben, ebenso wie mein Lieblingspullover und mein »Anzug«, den ich erst zum Mittagessen anziehen wollte. Diese Dinge, die zu meinem Rüstzeug gehörten, lagen im dritten Stock, von dem aus ab 12 Uhr mittags in wenigen Stunden mein Vaterhaus herunterbrannte. Tatsächlich habe ich später in der Backsteinmasse, dem Trümmergrundstück, nach dieser Uhr gesucht, ein robuster reichsdeutscher Nachbau eines Schweizer Modells, dem ich auch unter diesen Umständen ein Überleben zutraute. Ich bin noch heute sicher, dass tief unter dem Schutt diese Uhr längere Zeit weiter tickte (sie war am Vorabend frisch aufgezogen worden). Jedenfalls aber werden im Dunkel tief unter den Steinen, vielleicht in einer Höhlung, die Leuchtziffern (ein wenig giftig-radioaktiv), die noch einige Zeit ihr Licht verbreiteten, die Uhrzeit, an wen es anging, mitgeteilt haben.

Die Bombe als Pflug

In meiner Heimatstadt existiert ein ehemaliges Industriegelände, auf welchem sich, da es nicht genutzt wird, alte Strukturen gut erhalten. Vor kurzem suchte ich hier nach einem Bombentrichter, der nach dem Luftangriff auf die Anlage, die damals zu den Junkers-Flugzeugwerken gehörte, entstanden war und von uns Schülern nach Schulschluss am 14. Februar 1945 besichtigt wurde. Einige Wochen später war am Rande dieses Loches ein Grasbüschel zu sehen, das aufgrund des Regens von Steinen, Mineralstoffen, »Dreck«, einer tief aus dem Boden gewonnenen Masse, vielleicht dabei auch Reste der Bombe, lebhaft florierte. Jetzt, 69 Jahre später, konnte ich den Trichter kaum noch vom Nachbarboden unterscheiden: eine längliche Kuhle, die einmal ein Bombenkrater war. Die Narbe aus Grasbüscheln aber, einst neben dem Krater eine ganze Kolonie von Pflanzen, hatte sich heftig ausgebreitet und war im Umfeld der weitläufigen Industrieruine ein sattes Zeichen von Beharrungsvermögen: gedüngt durch Zerstörungsmittel, die das Flugzeugwerk hatten vernichten sollen. Kein Pflug kann so wirksam pflügen, also Futter für die Pflanzen aufwärts wühlen, wie eine Bombe von 1945.

Mein sogenanntes Bewusstsein

Ich schließe die Augen, konzentriere mich darauf, was ich INNEN sehe. Was ist das für ein Raum dort? Ich kann dort nichts »sehen«, höre nichts. Gerade, dass ich das AUSSEN ausgeschlossen habe: Wenn ich mich konzentriere, kann ich das ausgrenzen, was ich um mich höre, wenn ich mit geschlossenen Augen dasitze. Es stürmen Bilder auf mich ein; ich sehe sie nicht im Dunkel, das ich INNEN nenne, sie sind auch nicht draußen, vor Augen. Sie sind nirgends GEGENWÄRTIG. Gewaltig rauschen die Assoziationen, die Selbsttätigkeit dessen, was – das ist eine Vermutung – meine Hirnareale veranstalten.

Schon winkt ein neues Leben

Die lange Betonstiege empor, an dem splitterabwehrenden Vorbau entlang, durch den verwüsteten Garten der Reichskanzlei, ging es hinaus. In den Norden Berlins, von dort in westlicher Richtung. Er kam über die Elbe, ließ sich von der »Front« überrollen (schon kein Gegenüber mehr gegnerischer Truppen, sondern schierer Vormarsch, Hin- und Herfahren des Feindes) und traf Wochen später (in Zivil) in Bad Godesberg ein, wo er Unterkunft bei Freunden fand.

Er trug Hitlers Testament, eingehüllt in einen Beutel, auf der Brust. Er war ausgesandt als dritter Bote zur Sicherheit. Dann aber erwies sich, dass das Testament den Großadmiral längst erreicht hatte. Das war im Rundfunk mitgeteilt. Insofern keine Eile, das Dokument abzuliefern. An wen auch?

Die Universität Bonn kam bereits wieder in Gang. Er ließ sich unter einem fremden Namen (auf den Militärpass eines gefallenen Kameraden) eintragen. Schon winkt ein neues Leben. Während doch im Augenblick des Aufbruchs im Führerbunker das vollständige Ende eines Zeitalters, einer Wirklichkeit, angezeigt wurde. Er war auf eine Wand zugeschritten und in ein paralleles Universum gelangt.

Nichts holte ihn ein von dieser Vergangenheit, als er, ein halbes Jahr später, denunziert und verhaftet wurde. Das Gefangenenlager stand (bei allen Versuchen durch Verhöre) nicht im »Bann der Vergangenheit«, auch diese schlechte Verhandlung blieb »Neuanfang«.

Kein Wort für Frieden

In der Sprache des alten Ägypten gab es kein Wort oder Zeichen für »Frieden«. Hielten die Kämpfe inne, war das ein Waffenstillstand. Normalzustand war Krieg. Das Wort für »Frieden« wurde später, berichtet der Historiker Holger Afflerbach, als semitisches Lehnwort eingeführt, weil es dazu taugte, auswärtige, fern vom Reich bestehende Beziehungen zu bezeichnen.

Der letzte Kessel von Berlin

Die Verteidigungslinien in der Reichshauptstadt hießen Abschnitte. Nicht gekennzeichnet als solcher Abschnitt, aber der letzte intakte Herrschaftsbereich des Deutschen Reichs in Berlin, eine klassische Rundumverteidigung, war das GELÄNDE DER CHARITÉ. Russische Stoßtrupps, die einzudringen versuchten, wurden zu den LEITENDEN ÄRZTEN geführt, die mithilfe ihrer Dolmetscher die Eindringlinge zum Verlassen der Kliniken aufforderten. Daraufhin zu ihnen abgesandte russische Parlamentäre ließen sich überzeugen, dass Seuchengefahr bestünde, würde der international bewährte Komplex durch unprofessionelle Kräfte besetzt werden. Russische Ärzte und Ärztinnen kamen hinzu, verstanden sich mit den deutschen Kollegen, deren Lehrbücher sie kannten, vom ersten Augenblick an.

Die Charité übernahm ein bedeutendes Kontingent von Verletzten und Erkrankten der Roten Armee. Russische Ärzte, quasi zu Lernzwecken, hospitierten bei den Operationen. Bald forderten nicht Bewaffnete Einlass, sondern die Leitung der Charité mahnte durch Boten Versorgung an: Koh-

MERKUR – Der Blog

Der Blog reagiert auf das Heft: Er bietet die Möglichkeit zur Veröffentlichung von Leserkommentaren, zu Nachfragen von Lesern und Redaktion an die Autorinnen und Autoren, außerdem Hinweise zu Reaktionen aufs Heft.

Der Blog ergänzt das Heft: mit Originaltexten, die schneller, kürzer, reaktiver sind als die in der Printausgabe, aber auch mit Serien, die über längere Zeiträume laufen, wie etwa »Ein Jahr mit den Goncourts« von Holger Schulze und Dominique Silvestri.

Der Blog erschließt das Volltextarchiv: mit Veröffentlichungen von klassischen Texten aus der Geschichte des MERKUR zu aktuellen Anlässen oder als Hintergrund zum Tagesgeschehen, aber auch mit Hinweisen auf prägende Autoren und Themen der Zeitschrift.

www.merkur-blog.de

Übrigens: Der MERKUR ist nicht nur im Blog, sondern auch auf Twitter und Facebook aktiv.

Absender:

Name, Vorname

Straße und Hausnummer

PLZ und Ort

E-Mail (Pflicht beim Online-Abo)

Telefon und Fax

Geburtsdatum (freiwillig)

Ansprechpartnerin: Friederike Kamann

Telefon (0711) 6672–1225; Fax (0711) 6672–2032
J. G. Cotta'sche Buchhandlung Nachf. GmbH, Stuttgart HRB 1890, UST-IDNr. DE 811122517, Geschäftsführer: Philipp Haußmann, Tom Kraushaar, Michael Zöllner, Verleger: Michael Klett

KV 3888

Deutsche Post
ANTWORT

Klett-Cotta
Zeitschriften
Postfach 10 60 16
70049 Stuttgart
Deutschland

Die Prämien

Angelo Bolaffi
Deutsches Herz
Das Modell Deutschland und die europäische Krise

»Dieses klug und brillant geschriebene Buch ist die Pflichtlektüre für alle, die noch an Europa glauben«
Daniel Dettling, The European, 11.3.2014

Ulrich Raulff
Wiedersehen mit den Siebzigern
Die wilden Jahre des Lesens

Mit Witz und Charme besichtigt Ulrich Raulff die Epoche der 70er-Jahre und gewinnt diesem theoriebesessenen und anarchielustigen Jahrzehnt Erkenntnisse ab, die es freiwillig nicht preisgeben wollte: ein kleines Porträt der »Generation Theorie«.

Per Leo
Flut und Boden
Roman einer Familie

Zwei ungleiche Brüder aus einer stolzen Stadtvilla an der Weser: Aus Martin wird ein Goetheaner und genauer Beobachter seiner Welt, aus Friedrich ein aktivistischer Krieger und Abteilungsleiter im Rasse- und Siedlungshauptamt der SS. Für den Enkel entwickelt sich die Nazi-Vergangenheit seines Großvaters zur Obsession.

Ich abonniere die Zeitschrift MERKUR und erhalte eine der drei Buchprämien nach Zahlungseingang

☐ **Prämienabonnement, print*** ab Heft ________ € 120,–/sFr 146,–; Vorzugspreis € 80,–/sFr 97,50 für Studenten, Nachweis s. beiliegende Bescheinigung; Jahresabonnement, jährlich 12 Hefte, zzgl. Versand: € 13,20 (D)/sFr 26,40 (CH)/€ 21,60 (A)/€ 31,20 (übriges Ausland).

☐ **Für Privatkunden zum Prämienabonnement Print das Online-Zusatz-Abonnement* für nur € 20,–/Jahr; sFr 28,–/Jahr.**
Der Preis gilt nicht für Bibliotheken, Geschäftskunden und Institutionen. Kein Prämienversand.

☐ **Prämienabonnement Online*** € 120,–/sFr 146,– (Privatkundenpreis); Vorzugspreis € 80,–/sFr 97,50 (Privatkundenpreis) für Studenten, Nachweis s. beiliegende Bescheinigung, Jahresabonnement.

Ich bin damit einverstanden, dass meine bei Klett-Cotta erhobenen persönlichen Daten zu schriftlichen Beratungs- und Informationszwecken (Werbung) über Produkte des Verlags gespeichert, verarbeitet und genutzt werden. Sind Sie nicht einverstanden, streichen Sie diese Klausel. Sollten Sie Abonnent einer Zeitschrift von Klett-Cotta sein, hat eine Streichung der Einwilligungserklärung keinen Einfluss auf Ihr Abonnement. Ihre Einwilligung können Sie jederzeit gegenüber Klett-Cotta (s. Ansprechpartnerin) widerrufen. Weitere Informationen zum Datenschutz finden Sie in unserer Datenschutzerklärung, welche über die Homepage (www.klett-cotta.de) aufgerufen werden kann.

Bitte schicken Sie an meine umseitige Adresse:

☐ **Prämie 1**
Bolaffi: Deutsches Herz

☐ **Prämie 2**
Raulff: Wiedersehen mit den Siebzigern

☐ **Prämie 3**
Leo: Flut und Boden

Datum/Unterschrift

* Mindestdauer ein Jahr. Erfolgt keine Abbestellung spätestens 4 Wochen vor Ende des Bezugszeitraums, verlängert sich das Abo automatisch um ein Jahr. Alle Preise inklusive Mwst. (Drittländer exklusive Mwst.). Preise freibleibend. Stand 2015. Diese Bestellung kann innerhalb 14 Tagen ab Bestelldatum mit einer schriftlichen Mitteilung an den Verlag widerrufen werden.

lenvorräte, Nahrungsmittel. Noch bis zur Ankunft der alliierten Streitkräfte in ihren Sektoren blieb die medizinische Autorität der CHARITÉ, eines zentralen Klinikgeländes, eine unabhängige Enklave des Deutschen Reichs, was doch der Autorität der Reichsregierung in Mürwik noch im Mai nicht gelungen war. Das Überleben des »letzten Kessels von Berlin« war Produkt des Jahrhunderts der Chirurgen, das der Katastrophe von 1945 lange vorausging.

Gewaltgeburt in höchster Not

Wir, zwei deutsche Frauenärzte, Koryphäen, wurden im Herbst 1945 zu einem Konsilium in das Hauptquartier der Roten Armee bei Berlin gerufen. Mit raschen Fahrzeugen bringt man uns zum Ort. Äußerlich hat es den Anschein einer Verhaftung.

Eine Gruppe russischer Ärzte, ergänzt um Offiziere und Geheimdienstler, umstanden das Wochenbett der Frau eines der höheren Kommandanten, einer Riesin. Das Kind, das in ihr ruhte, schien ebenfalls ein Riese. Schon seit Stunden stand die Geburt still. Keiner wusste weiter. Die Haltung der russischen Umgebung war drohend; wir hatten den Eindruck, uns würde es nicht bekommen, wenn wir scheiterten.

Das Konsilium riet zu einer Zange. Ich bekam das Kind zu fassen. Und obwohl wir Frauenärzte Experten der Feinsteuerung waren, zog ich, auch aus Furcht vor den Umstehenden, mit meinem ganzen Körpergewicht gewaltsam ein zehnpfündiges Kind in die Welt: frei von Schädigungen, rosig durchblutet und sofort durchatmend. Wodka in Massen, Umarmungen. Hammel auf großen Tabletts. Noch die Reste anderntags, ein Stillleben.

»Invisible transfer«

Die Elektrizität, sagte Florian Lusser, der es wissen musste, gehört zu den unsichtbaren und modernen Kräften, die an einer Staatsgrenze durch keine Autorität aufzuhalten sind. So gehörte der Schweizer Energieexport im April 1945, als die Konten der Reichsbank gesperrt und die Grenzübergänge geschlossen waren, immer noch zu den »verwöhnten Kindern« der Eidgenossenschaft. Seit dem enormen Aufschwung der Elektrizitätswerke in den dreißiger Jahren liegt die Leitung bei den Finanzierungsgesellschaften (zum Beispiel Elektrobank und Motor-Columbus), die schweizerisch dominiert sind. Sieben Elektrizitätswerke entlang des Rheins (die Rheinkraftwerke) werden vom Reich und der Schweiz gemeinsam betrieben. In den vergangenen Jahren hieß es: Elektrizitätslieferung aus der Schweiz gegen Deckung des Kohlebedarfs aus dem Reich. Nachdem die deutsche Organisation aber nicht mehr in der Lage ist, Kohle zu liefern, bleibt dennoch – trotz aller Interventionen der Alliierten, die auf Elektrizitätsgebiet ein Zusammenspiel zwischen Schweiz und Reich vermuten – der Austausch von Leistungen über die Grenze hinaus erhalten. Wer sieht den Masten oder einem Kabel an, ob Strom hindurchfließt? Die Industrieanlagen in Waldshut und Rheinfelden (IG Farben, Degussa), inzwischen französisch besetzt, produzieren immer noch.

Die Elektrizität gehört wie die Zinszahlungen, Auszahlung von Versicherungspolicen, die Provisionen, der Ausgleich von Nebenkosten, der Abgleich früherer Schulden zum »invisible transfer«. Dieser ist heute am 30. April 1945 in vollem Gange.

Im Gotthard-Tunnel stehen die Gleise leer

Es wäre für uns Schweizer unnatürlich, untereinander in Schriftsprache zu reden. Und so ist es mir ein Trost, dass die neuen Imperatoren (das sind vor allem jugendfrische, wenig informierte Amerikaner, welche die Currie Mission uns hinterlassen hat und denen wir täglich Nachhilfeunterricht in der Beachtung unserer Neutralität und Souveränität geben müssen) uns nicht verstehen, mögen deren Dolmetscher sich auch bemühen, wenn wir uns in kurzen idiomatischen Einwürfen miteinander verständigen. Sie können auch technische Fragen des Gotthardbahn-Transfers kaum nachvollziehen. Dennoch sind wir in Not. Nicht weil die Alliierten, welche die Rücksichten, die sie während des Krieges kannten, fallengelassen haben, uns zu einer Einstellung von Transporten zwingen, sondern weil das Clearing mit dem Deutschen Reich und die dem Kriegsverkehr dienenden Bahntransporte ausgefallen sind. Das macht in der Jahresbilanz der Schweizerischen Bundesbahnen etwa 100 Millionen Franken aus.

Was geschieht mit den Güterzügen auf den Nebengleisen vor den Tunneleinfahrten im Süden? Sie sind beladen mit Industrieanlagen aus Italien, die dort im Auftrag des Ministeriums Speer abmontiert und ins Reich verfrachtet wurden, was wir nicht wissen durften, weil der Vorgang dem Neutralitätsgebot widerspricht. Jetzt sind sie nicht mehr zum Reich durchgekommen und warten.

Und die Warteschlangen von Kohlenzügen im Norden? Vor dem Tunnel? Das sind Pfänder. Wir holen uns die aus dem Vorjahr offenstehenden Bahngebühren aus der Verwertung dieser Sicherheiten. Sie sehen, das alles ist kompliziert und nicht damit erklärt, dass die Gleise im Simplon und im Gotthard unbenutzt daliegen. Mühsam gehen wir auf den Friedenszustand zu.

Durch ein taktisches Manöver lebensgefährlich verletzt

Der Verhandlungsführer der Eidgenossenschaft in London, Minister Dr. Sulzer, Inhaber der Sulzer-Werke, geriet während seiner Verhandlungen in unmittelbare Lebensgefahr. Infolge eines Manövers seiner britischen Gegenüber, dessen Frechheit ihn entsetzte, gerieten seine Zellen und Adern in Aufruhr. Gegen wen? Gegen ihn selbst, den verständigen, vernünftigen Verhandlungsführer. Das Gesicht gerötet. Verdauung keine mehr. Noch in derselben Nacht rote Pusteln an Hals und in Brusthöhe am Leibe. Fieber.

Die britischen Gegenüber hatten ihren Schachzug, nämlich die Mitteilung, dass der Sulzer-Konzern auf die SCHWARZE LISTE der »schlechten Neutralen« gesetzt worden sei, als eine taktische Aushilfe verstanden. Sie wollten den Druck auf den Abgesandten der Schweiz dahingehend verstärken, dass ein geringeres Kontingent für den Gotthard-Transfer und ein verringertes »Clearing-Limit« dem Deutschen Reich einen Nachteil bringen sollte. Dr. Sulzers Lebensgeister hatten diese offene Missachtung der souveränen Entscheidung seines Vaterlandes als Angriff auf seine Person (während er als ein ICH noch das diplomatische Gleichgewicht zu wahren versuchte und nach einer Antwort rang) gewertet. Wer sind diese Lebensgeister? Alles, was unterhalb seiner Erziehung, der eingeübten Toleranz und seiner Willenskräfte liegt. Gibt es sozusagen einen zweiten Willen? Den der Geister, die dem Verstand nicht gehorchen? Nein – auch Dr. Sulzers Verstand fühlte sich verletzt. Die offene Missachtung lag vor allem darin, dass sich der Sulzer-Konzern geradezu musterhaft an die Regeln des vereinbarten neutralen Gleichgewichts zwischen der Blockade durch die Alliierten und der Gegenblockade durch das Deutsche Reich gehalten hatte.

Die Aufnahme in die Schwarze Liste galt als so verheerend, weil sie auch nach einer Löschung dieser Eintragung immer noch wirksam blieb. Die SCHWARZEN LISTEN der Briten hatten ihre nachhaltige Wirkung in den USA. Dr. Sulzer erreichte Bern gerade noch am Morgen des 24. Dezember, über die nicht endende Strecke von Zollkontrollen, Schiffs- und Eisenbahnfahrten über Portugal und das besetzte Frankreich. Gerade dass er die Reste seines Körpers heimbrachte. Er konnte dem Bundesrat schon nicht mehr berichten. Nach vier Wochen war dieser Held wieder zur Stelle. Der Kampf an der Neutralitätsfront ist lebensgefährlich wie jeder Kampf im Krieg.

Ich bin Jahrgang 1945

Ich bin am 30. April 1945 geboren. Die Meldungen an das Standesamt kamen von der Charité am Morgen dieses Tages gerade noch durch. Meinen 69. Geburtstag feiere ich nicht, was sollte ich auch an meiner Existenz zu feiern haben. Meine Tätigkeit ist geheim. Noch immer bin ich im Dienst. Ich nenne mich, obwohl inzwischen im Ausland tätig, einen der letzten Getreuen meiner Republik. Mein Rücken ist nicht mehr intakt. Fast eine Generation trennt mich von den jungen Kadern im russischen Geheimdienst, dem ich diene. Die Zeit seit DDR-Schluss steckt mir in den Knochen. Ich komme für Außeneinsätze mit Nachtmärschen im Gebirge nur begrenzt in Betracht.

Getreu bin ich insofern, als ich, seinerzeit tätig im Auslandseinsatz zur Überwachung unser vaterländischen Diplomaten im Nahen Osten, bei Rückruf in die Zentrale im Frühling 1990 nicht in die Hauptstadt der DDR, sondern nach Moskau »heimkehrte«. Gemäß dem Leitsatz von Felix Dserschinski, dessen Name auch der des Regiments ist, in dem ich meine erste Ausbildung erhielt: »Genosse, Du kannst in jedem Land der Welt dem Kampf der Arbeiterklasse dienen.« In der russischen Übersetzung sind dabei die Worte »Kampf«, »Dienst«, »Verdienst« und »Treue« synonym.

Inzwischen werde ich, weil ich ja nach wie vor Spezialist bin, von meinem neuen Dienstherrn, dessen Organe in Syrien ausgezeichnet vernetzt sind, an leitender Stelle eingesetzt. Das heißt, ich muss wenig laufen und hauptsächlich analysieren. Mit dem Land hier bin ich vertraut. Ich habe erfahren, dass schon mein Großvater als Archäologe und Ausgräber in dem Ruinengelände tätig war (in der Grenzzone zwischen Libanon und Syrien, jetzt zu meinem Beritt gehörig). An der Bergung der Götterbilder von Tell Halaf war er beteiligt; die Schichten VII und IX tragen seinen Namen. Auch ich bin wie ein Ausgräber tätig, insofern als ich die Zusammensetzung von Zirkeln und Kampfeinheiten der sogenannten bewaffneten Opposition in ihrer Struktur – Gruppe für Gruppe, Schicht für Schicht – freilege, benenne, zur Kenntnis gebe, und, wenn notwendig, ihrer Spaltung oder Vernichtung zuführe. Das vollziehen wir technisch nicht selbst, so wie ich nicht im Gelände herumlaufe, sondern ein Hinweis reicht aus, dass von der Regierung, die wir beraten, ein Durchgriff stattfindet.

Zu meiner Aufgabenstellung muss ich ergänzen, dass die Gebiete des Nahen Ostens nur als ZUSAMMENHANG geheimdienstlich verstanden werden können. Es geht um »politische Geologie«. Die arabische Halbinsel ist eine gewaltige Wüste mit einigen Peripherien. Man versteht die Peripherie – dialektisch-materialistisch gesehen – schlecht, wenn man die Wüste nicht einbezieht; die Wüste wiederum bleibt unverstanden ohne die Kenntnis der starken Unterschiede, die von den Peripherien auf sie einwirken. Also kein Libanon ohne Syrien, keine Golfstaaten ohne Saudi-Arabien, kein Jemen ohne den Hedschas, kein Mosul ohne Palästina. Wenn ich sage dialektisch, so ist damit die lange Zeitspanne aller Vorgänge in diesem Gelände gemeint, Strömungen, Schichtungen und Kraftlinien, von denen einige bis in das Jahr 1921 (und davor) zurückreichen. So sind Methode und Netzwerk unserer eigenen Kundschafter den US-Agenten, die als Neulinge auftreten, haushoch überlegen. Das sind Greenhorns, die frisch von den Universitäten kommen. Sie haben unsere Karteien nicht, von denen aus Gründen der Geheimhaltung einige noch handschriftlich geführt werden (die jüngsten Hinweise auf die Praxis der NSA rechtfertigen jede Vorsicht).

28 Agenten in Jordanien führe ich von meinem Sitz an der syrischen Küste. Wir sind an Jordaniens Instabilität, die offensichtlich ist, nicht interessiert, da jede Veränderung der Gleichgewichtsverhältnisse derzeit negative Rückwirkungen auf die russischen Interessen hat. So liegt uns jede Einflussnahme im Pulverfass Jordanien fern. Wir beschränken uns darauf, Daten zu erheben, so dass wir die Korruption, mit welcher der König seinen Einfluss stabilisiert, als Material nutzen können, wenn es sich als nötig erweist, Druck auf eine Person auszuüben. Meine Kollegen vom syrischen Geheimdienst sagen Jordaniens Zusammenbruch voraus.

Ich habe gelernt, dass keine Voraussage, ein Land werde wegen seiner mürben Infrastruktur untergehen, bisher zutraf. Der Absturz eines Systems erfolgte stets überraschend auch für mich und die Kollegen. Der König zahlt an seine Militärs Pensionen und besticht sie. Das korrumpiert und hält gleichzeitig zusammen. Die Geheimdienste haben Kontakt zu den Aufrührern und können dadurch infiltriert werden (während sie glauben, die anderen zu unterwandern). Gerüchte über ein baldiges Ende der Herrschaft führen zur Verzweiflung, aber auch zur Anstrengung aus Verzweiflung, dieses Ende zu verhindern. Die Gründe, die für einen Absturz eines Systems sprechen, halten auch die Kräfte zusammen, die es stabilisieren.

Ich will nicht behaupten, dass ich zu meinem Gedanken durch mein Geburtsjahr angeregt bin. Ich konnte es als Säugling ja gar nicht kennen. Ich glaube aber, dass meine stets langjährige Treue (mein Verlangen danach) aus der Zeit noch vor meiner Geburt stammt, ja, mir von meiner Mutter eingegeben ist, die vom Gebiet der DDR noch (unter Gefahren, denn ihre Briefe und Anfragen wurden dahingehend überprüft, ob sie geheime Mitteilungen enthielten) nach meinem Vater gefahndet hat, der seit Oktober 1944 als vermisst gemeldet war.

Eva Geulen

Begriffsgeschichten go global (or try to)

Wie wundervoll sind diese Wesen, || Die, was nicht deutbar, dennoch deuten, || Was nie geschrieben wurde, lesen« – und was nicht übersetzbar, dennoch übersetzen. So möchte man den Tod am Ende von Hofmannsthals *Der Tor und der Tod* ergänzen angesichts der Übersetzung von *Untranslatables.*[1] Zehn Jahre nach der französischen Originalausgabe von 2004, deren Fertigstellung ebenfalls ein Jahrzehnt in Anspruch nahm, ist Barbara Cassins philosophisches *Dictionnaire des intraduisibles* auf Englisch erschienen, auf 1300 Seiten. Unter der redaktionellen Leitung von Emily Apter, Jacques Lezra sowie Michael Wood und in enger Abstimmung mit dem französischen Herausgebergremium um Cassin haben sich fünf vorzügliche Übersetzer der circa 400 Texte von über 150 Originalbeiträgerinnen und -beiträgern angenommen.

Das passte schon im Original kaum zwischen zwei Buchdeckel. Auch mit der englischen Version könnte man jemanden erschlagen und fühlt sich förmlich erschlagen nach nur kursorischer Lektüre; eine andere ist jedoch kaum möglich, und selbst die überfordert planvoll: Was für eine Fülle (auch »copia« gilt ein Eintrag) von Perspektiven und unvermuteten Zusammenhängen, aber auch Brüchen und Differenzen in, unter und zwischen den verschiedenen Sprachen, vom Arabischen bis zum Russischen!

Alle hier als unübersetzbar identifizierten Begriffe – von »abstraction« bis »Wunsch«, von »Begriff« bis »paronym« – werden in ihrer jeweiligen Originalsprache vorgestellt. Ergänzt um die geläufigen Übersetzungen in den anderen europäischen Sprachen werden sie dann im Ausgang von den Übersetzungsproblemen verhandelt, die sie im Lauf der Geschichte aufgegeben haben. Konsequenterweise hat mit »Glossolalie« der Terminus für irreduzible Vielsprachigkeit an der Grenze des überhaupt Verstehbaren in der englischen Übersetzung einen neuhinzugekommenen Eintrag erhalten; angesiedelt wurde er sinnigerweise im unmittelbaren Umfeld von »logos«, jenem notorisch unübersetzbaren griechischen Ur- und Inbegriff, an dessen

1 *Dictionary of Untranslatables. A Philosophical Lexicon.* Hrsg. v. Barbara Cassin. Übers. v. Steven Rendall, Christian Hubert, Jeffrey Mehlman, Nathanael Stein, Michael Syrotinski. Hrsg. v. Emily Apter, Jacques Lezra, Michael Wood. Princeton University Press 2014.

Übersetzung ins Deutsche sich unter anderem Faust in einer berühmten Szene abarbeitet.

Produktivität der Unübersetzbarkeiten

Auch wenn das Deutsche den Plural des substantivierten Adjektivs »intraduisibles« noch viel weniger zulässt als die schon grenzwertigen englischen »untranslatables«, ist dieses gigantische Übersetzungsprojekt keineswegs paradox, sondern folgerichtig und in jeder Hinsicht zu begrüßen. Um Fetischisierung des Originals geht es nämlich gerade nicht. Cassin ist der Überzeugung, dass sich Unübersetzbares weniger durch die Vergeblichkeit seiner Übersetzung auszeichnet als durch Möglichkeit und Notwendigkeit, immer wieder neu und anders übersetzt zu werden.

Die philosophische Relevanz und Produktivität des Übersetzungsvorgangs herauszustellen, war sie mit ihrem *Dictionnaire* angetreten. Denn gedacht werde nicht in Begriffen, sondern in Wörtern, und weil diese in den verschiedenen europäischen Sprachen zwangsläufig je andere sind, ist das Übersetzen kein Kulturtransfer im geläufigen Sinne, sondern ein genuin philosophisches Ereignis. In diesem Geist hatten Cassin und die anderen Beiträger (darunter bemerkenswert viele Frauen!) die Begriffe des französischen Originals ausgewählt und dargestellt.

Für den europäischen Raum gilt in der Tat, dass die Geschichte der philosophischen Begriffe die Geschichte ihrer Übersetzungen ist. Angefangen von der *translatio studii* im Übergang vom Griechischen zum Lateinischen, auf die Heidegger bekanntlich den Beginn europäischer Seinsvergessenheit datierte und der hier ein eigener Eintrag unter dem Lemma »to translate« gewidmet ist, erweist sich Übersetzen als das Medium der europäischen Philosophie in einem strikten Sinne. Die Tätigkeit des Übersetzens bringt allererst hervor, was in dieser Tradition Philosophie heißt und kaum zufällig ein »intraduisible« par excellence darstellt: Unübersetzt ging das Wort »Philosophie« in alle europäischen Sprachen ein und hat, mit Ausnahme der niederländischen »Wissbegeerde«, in keiner ein eigenes Synonym. Das erfährt man unter anderem in dem Artikel zum Übersetzen.

Dem Reiz dieses Unternehmens kann man sich kaum entziehen. Wer als deutsche Muttersprachlerin ein französisches Autorenkollektiv über das Deutsch von Hegel in englischer Übersetzung liest, meint Hegel noch nie so gut verstanden zu haben. Erst die Nöte, aber auch die Raffinessen der französischen Übersetzer des Deutschen und, mittelbar, der englischen des Französischen, sensibilisieren für den Umstand, dass Hegels Versuch, dem alltäglichen Idiom im Gegenzug zur Begriffstüftelei Kants (der in Zweifelsfällen das Lateinische in Klammern hinzusetzte und nicht nur darum von Nietzsche »Begriffskrüppel« gescholten wurde) seine philosophische Dignität zu erobern, unmittelbar mit seinem philosophischen Projekt in der *Phänomenologie des Geistes* zusammenhängt.

Derartige Lektüren potenzieren eine Erfahrung, die man im Kleinen schon manches Mal gemacht hat: Wer sich gegen Heideggers raunendes Deutsch sträubt, wird eine englische Übersetzung zugänglicher finden und, so gerüstet, am Original Aspekte entdecken, die ihm vordem verstellt bleiben mussten. In Cassins Worten: Babel ist zwar Chaos, aber immer auch eine Chance. Freilich liegt darin umgekehrt auch beschlossen, dass die philosophischen Begriffe im Wechselbad der Übersetzungen rasch korrodieren, zumal ihre angestammten Werkkontexte entschlossen zurückgestellt wurden. Ab einem gewissen Punkt fühlt man sich als Leser im Chaos der »terminological networks« und ihrer wuchernden Sprachverwirrung zwangsläufig etwas überfordert und alleingelassen.

Die Faust in der Hand

Übersetzen heißt Umwege in Kauf nehmen. Die wollte und konnte Cassin auch den Lesern ihres *Dictionnaire* nicht ersparen. Zwar findet man alle Ausdrücke in alphabetischer Ordnung, aber die zunächst angeführten Übersetzungen haben häufig ihrerseits noch Einträge, die man dann auch noch lesen muss (oder möchte), im Falle des »Begriffs« unter anderem die Artikel zu »concept« und »conceptus«. Beim italienischen »concetto« findet man sich allerdings unversehens in einer ganz eigenen Tradition, die mit dem philosophischen »Begriff« nur peripher, sehr viel dagegen mit der literarischen Renaissancetradition Italiens zu tun hat.

Zusätzlich erscheinen zu Beginn jedes Eintrags noch anrainende oder anders relevante Begriffe und Gegenbegriffe, an die man gar nicht gedacht hatte. So wird man unter dem Lemma »Neuzeit/Moderne« auf die Reise geschickt zu »Baroque«, »Bildung«, »Classic«, »History«, »Present«, »Romantic«, »Secularization«, »Stato«, »Time«. Im Zeichen der Übersetzung werden auch die Grenzen der Philosophie überschritten beziehungsweise erweitert. Neben die in einem philosophischen Wörterbuch erwartbaren Lemmata wie »Begriff«, »Dasein« oder »Quidditas« tritt Überraschendes vor allem aus dem Bereich von Kunst und Literatur (wie »Sprechgesang«, »sprezzatura«) und der Psychoanalyse (wie »denegation« und »Entstellung«). Dagegen vermisst man weitgehend den Bereich der Wissenschaftsgeschichte, die in Frankreich doch eigentlich eine philosophische Königsdisziplin darstellt. Rühmliche Ausnahme ist der Artikel von Françoise Balibar zum Bedeutungswandel des Begriffs »Kraft« (»force«, »energy«) nach Helmholtzens Energiesatz von 1847. Auch Begriffe der politischen Philosophie, insbesondere marxistischer Provenienz, fehlen. Zwar gibt es viel zu Staat und Staatsrecht, aber keinen Eintrag zu Entfremdung.

Doch das ist letztlich unerheblich, weil Lexika dieses Typs zwangsläufig selektiv sind und man mit den weitläufigen Leseabenteuern, die einem dieses beschert, reichlich entschädigt wird. Dazu trägt auch die Unterbrechung vieler Artikel durch im Druck abgesetzte Kästen mit Zusatzinformationen bei. Im Artikel zum deutschen »Begriff«, in dem die in anderen Sprachen so schwer wiederzugebende wörtliche Bedeutung des haptischen Greifens und Ergreifens im Vordergrund steht, wird man in einem solchen separaten Kasten mit Ausführungen Cassins zur griechischen »katalepsis« und ihrer lateinischen Übersetzung als »comprehensio« im Ausgang von einer Zeno-Anekdote bei Cicero aufgeklärt. Zeno galt die zur Faust geballte Hand als Symbol des Verstehens; wissenschaftliches Begreifen wurde gestisch dadurch versinnbildlicht, dass man die geballte mit der anderen Hand umfasst.

German/Bildung

Wer nach stundenlangem Lesen und Blättern den Artikel zum deutschen »Begriff« glücklich zu Ende gebracht hat, kommt wie von selbst auf den Eintrag zu »German«, das wie alle anderen europäischen Sprachen auch ein eigenes Lemma hat. Hier wird der Weg von Kant zu Hegel als Vindizierung des Deutschen für die Philosophie plausibel nachgezeichnet. Aber etwas zum Deutsch Nietzsches, Wittgensteins oder Heideggers sucht man vergeblich und versucht sein Glück stattdessen beim Lemma »Bildung«, neben »Gestalt« ein einschlägiges deutsches »intraduisible«.

Dort schreibt ein französischer Autor in der ersten Person Plural an einem nur zu vertrauten (nicht nur, aber auch französischen) Diskurs über die Sonderbarkeiten des Worts und der Sache deutscher »Bildung«: »We have often been struck by the theological dimensions of a theory that makes of the human being involved in the dynamism of Bildung a veritable monad.« Und noch etwas schärfer pointierend: »To develop a theory of Bildung is to postulate a coincidence of the singular and the universal in a dynamics of history envisaged from a German point of view.«

Was sich hier an der Gegenüberstellung von »culture« und »Bildung«, aber auch andernorts (etwa in Alain Badious freilich augenzwinkernden Ausführungen zu den philosophischen Vorzügen des Französischen) zeigt, sind späte, ironische Reflexe nationaler Vorurteile und Stereotypen. Auch wenn Cassin sich im Vorwort von einem logischen Universalismus ebenso absetzt wie von einem »ontological nationalism«, transportieren das *Dictionnaire* und seine Übersetzung nationale Klischees weiter. Es wäre aber auch widersinnig, die Übersetzungsgeschichten der Begriffe von diesen Verstrickungen reinigen zu wollen. Zur Philosophie Heideggers gehört eben auch, das Deutsche für die allein befähigte Nachfolgesprache des Griechischen zu halten. Für Cassin ist das Teil des vielfältigen und vielsprachigen Erbes der europäischen Philosophiegeschichten. Dabei gilt ihr Interesse einem »Europe in progress … which explores divisions, tensions, transfers, appropriations, contradictions« mit dem Ziel, »to construct better versions of itself«.

Sich über die latent theologischen, paradoxen, vielleicht auch monadologischen, jedenfalls sehr deutschen Implikationen des Bildungsbegriffs zu mokieren, ist deshalb auch dann kein Manko, wenn man zugibt, dass Cassin ihr proeuropäisches *Dictionnaire* durchaus in polemischer Frontstellung gegen eine deutsche (idealistische, romantische) Subjektphilosophie konzipiert hatte, in der »Bildung« bekanntlich eine tragende Rolle spielt. In fast allen anderen Sprachen, einschließlich Englisch, ist die Doppelbedeutung von Subjekt als Souverän und Unterworfenes (griechisch *hypokeimenon*) wiederzugeben, nur im Deutschen nicht. Das hat Etienne Balibar in seinem fulminanten Eintrag zu »Subjekt« nicht vergessen zu erwähnen. Sein Artikel ist so etwas wie *state of the art* in Sachen (französischer) Subjektphilosophie.

Amerika versus Europa

Aber Cassin und ihrem Team ging es nicht nur um das Austragen und Aushalten innereuropäischer Spannungen und Differenzen im Medium der Übersetzung. Auf einer anderen Front ziehen sie mit dem üppig dokumentierten Reichtum der europäischen Sprachen und Philosophien auch gegen ein »globalized Anglo-American« zu Felde. Der erste Satz von Cassins Vorwort lautet (in englischer Übersetzung): »One of the most urgent problems posed by the existence of Europe is that of languages.« Babel soll sich durchsetzen gegen das, was im Weltjargon heute gelegentlich »globish« genannt wird. Wie haben die Angloamerikaner auf diese Herausforderung reagiert? Muss man sich nicht doch Sorgen machen, wenn ausgerechnet dieses so dezidiert proeuropäische Buch ins (amerikanische) Englische übersetzt wird? Man kann es so sagen: Die Amerikaner haben ihren Part gespielt, freilich ohne direkt zuzugeben und vielleicht auch ohne zu wissen oder wissen zu wollen, dass sie hier Rollen übernahmen, die in der Auseinandersetzung Europas mit den Vereinigten Staaten genauso vorgeprägt sind und tief sitzen wie die französische Antipathie gegenüber deutscher »Bildung«.

Auf Youtube kann man zuschauen, wie sich der Mitherausgeber Jaques Lezra bei der Vorstellung des Buches an der amerikanischen New York University (wo sowohl er wie Emily Apter Vergleichende Literaturwissenschaft lehren) über den Chauvinismus von Alain Badious Ausführungen zur französischen Sprache echauffiert; Emily Apter sekundiert etwas verhaltener in ihrem Vorwort: »The Dictionary is not without its nationalist hauntings.« Freilich, wie könnte es auch anders sein? Keine europäische Philosophie kann sich von ihren nationalgeschichtlichen Verstrickungen einfach per Dekret freisprechen. Aber weil Cassin auf der Übersetzbarkeit des jeweils Unübersetzbaren insistiert und sich weniger für Begriffe als für »terminological networks« interessiert, ist das Werk über die Vorwürfe von amerikanischer Seite sehr wohl erhaben, wenn nicht jeder einzelne Eintrag, so doch das Gesamtprojekt. Gerade die systematische Verflüssigung der Begriffe in ihre mehrsprachigen Mehrdeutigkeiten immunisiert das Buch gegen Chauvinismus; einen entsprechend stabilen Aggregatzustand erreichen die einzelnen Begriffe in diesem Kontext gar nicht erst. (Adam Gopnik sprach in seiner Rezension für den *New Yorker* sogar von einem »self-exploding book«.)

Bedenklicher scheint dagegen der Umstand, dass sich die amerikanischen Herausgeber bei der Übersetzung des Titels entschlossen haben, den Verweis auf den europäischen Horizont zu kappen. Das Original hieß *Vocabulaire européen des philosophies: Dictionnaire des intraduisibles*. Bei der Vorstellung des englischen Übersetzungsprojekts in einer Ausgabe der britischen Zeitschrift *Radical Philosophy* im Jahre 2006 war noch die Rede vom »Vocabulary of European Philosophies«. Da fehlte zwar der Verweis auf Unübersetzbares, und das »European« bezog sich nicht auf das »vocabulaire«, sondern die Philosophien, aber es war immerhin noch da.

Nun aber lautet der Titel der amerikanischen Ausgabe *Dictionary of Untranslatables. A Philosophical Lexicon*, ohne Wortschatz (»vocabulaire«), ohne Europa und ohne Philosophien im Plural. Im Vorwort rechtfertigt Emily Apter die gemeinsame Entscheidung der Herausgeber: Der Verzicht auf den exklusiv europäischen Kontext solle das »dictionary« für künftige Umschriften, Neuübersetzungen und Rekontextualisierungen aus ganz anderen, nichtwestlichen Regionen öffnen. Tatsächlich besteht in dieser Öffnung das große Verdienst der Ausgabe. Auch wer »globish« nicht annähernd so skeptisch gegenübersteht wie Barbara Cassin, muss anerkennen, dass der Zirkulationsradius dieses Buches sich mit der englischen Übersetzung enorm vergrößert.

So verdienstvoll die bereits vorliegenden oder in Arbeit befindlichen Übersetzungen ins Arabische, Farsi, ins Russische und Ukrainische sind, diese englische wird für die weitere Rezeption bedeutsamer sein als alle anderen, einschließlich des Originals. Das war den amerikanischen Herausgebern wohl bewusst. Deshalb haben sie darauf geachtet, den veränderten Status des übersetzten Buchs nicht nur im Titel zu markieren, sondern auch durch eigenständige Zusätze und Weglassungen.

So fehlt der im Original englische Begriff »multiculturalism«, weil er in dem Einwanderungsland USA etwas ganz anderes bedeutet als bis vor kurzem in Europa. Und Judith Butler persönlich musste in einem Originalbeitrag zur amerikanischen Ausgabe noch einmal auseinandersetzen, was es mit »Gender« auf sich hat, weil die Franzosen dieses genuin amerikanische Theorem sichtlich missverstanden hatten, als sie es für eine Umschreibung von »sex« hielten. Gegen diese punktuellen Interventionen ist umso weniger einzuwenden, als die Originalbeiträge (auch Badious so scharf verurteilte Ausführungen zum Französischen) erhalten geblieben sind. Neben der schon erwähnten »Glossolalie« wurden noch »securitas«, »neighbor«, »chora« und »postcolonialism« hinzugefügt, alles sehr behutsam, alles überschaubar (vorzugsweise in Kästen), keine Entstellungen, sondern tatsächlich Ergänzungen im Sinne der intendierten Öffnung und gleichsam als Aufforderung an neue Leser, selbst Hand anzulegen.

Nein, man muss sich keine Sorgen machen, die Lektüre bleibt so aufregend und spannend wie im französischen Original, das aber für andere Leserkreise nun zugänglicher geworden ist und seine eigenen Übersetzungen zeitigen wird. Entschieden bedauern muss man jedoch, dass man sich nicht zu einem eigenen Eintrag zum Begriff »theory« entschließen konnte. Emily Apter vermerkt im Vorwort, dass »theory« im amerikanischen Kontext eigentlich dasselbe sei wie Philosophie in Europa. Wie aus dem alteuropäischen »intraduisible« der Philosophie »theory« wurde und werden musste, hätte man gerne gewusst. Der Verweis auf die Dominanz der angloamerikanischen Tradition im Unterschied zur »continental philosophy« ist nicht hinreichend, zumal es auch im Deutschen eine Geschichte der Theoriebildung gibt – von der Romantik über Lukacs' *Theorie des Romans* bis zur Kritischen und zur Systemtheorie –, die dringend geschrieben werden müsste.

Vor diesem Hintergrund enthüllt die Entscheidung der Herausgeber, den Hinweis auf Europa im Titel zu tilgen, ihre versteckte Pointe. Indem sie die Verwechselbarkeit dieses Lexikons des europäischen philosophischen Vokabulars mit »Weltphilosophie« willig in Kauf genommen haben, leisten sie mittelbar der Vorstellung von der europäischen als der *einen* »philosophia perennis« Vorschub. Und dieser vorläufige Effekt, der in Cassins Sinne sein mag oder nicht und den erst spätere Ausgaben, Umschriften und Erweiterungen abschwächen und modifizieren werden, lenkt den Blick auf den (auch national)politischen Einsatz dieses und verwandter Großprojekte.

Benveniste/Ritter/Koselleck

Von der *Encyclopédie* der französischen Aufklärer bis zum *Wörterbuch der Gemeinplätze* bei Flaubert war das philosophische »dictionnaire« eine französische Domäne. In dieser Tradition steht auch das (leider längst vergriffene und unbedingt wiederaufzulegende) Einmannprojekt Emile Benvenistes mit dem Titel *Vocabulaire des institutions indoeuropéens* von 1969. Das etwas lieblos als *Indo-European Languages and Institutions* einige Jahre später ins Englische übersetzte Buch ist nicht nur Inspirationsquelle für zahlreiche Texte französischer Philosophen bis heute (etwa Derridas und Agambens), sondern auch Vorbild für Cassins eigenes *Vocabulaire* und seinen Versuch deleuzianischer Deterritorialisierung philosophischer Begriffe.

Benveniste ging es darum, die Spuren der Sprachen zu nutzen, um so auf verschüttete historische Praktiken und die Existenz von Institutionen rückzuschließen. Bei Cassin, die nicht wie Benveniste von der Sprachwissenschaft herkommt, sondern von Haus aus Philosophin und Spezialistin für antike Philosophie ist, spielt weder der sprachwissenschaftliche Zugang noch die Institution eine Rolle – wenn man nicht annimmt, es sei insgesamt um den Nachweis eines trotz und wegen seiner Vielfalt einheitlichen Instituts europäischen Philosophierens gegangen. Aber die manifeste Intention sieht anders aus. Cassins Anliegen und Verfahren sind die systematisch entkontextualisierende Dislozierung der einzelnen Begriffe und ihre Rekonfigurierung zu begrifflichen Netzwerken im Zeichen ihrer Übersetzungen.

Lapidar bemerkt Apter in ihrer Einleitung, das »dictionary« sei nicht »concept-historical«, also nicht begriffsgeschichtlich angelegt. Das kann man so schon deshalb nicht sagen, weil Cassins Buch zweifellos eine Reaktion auf die deutsche Begriffsgeschichte ist, ja ein Gegenentwurf zu dieser. Ritters *Historisches Wörterbuch der Philosophie* wurde 1971 begonnen und 2007 fertiggestellt, Kosellecks 1972 aufgenommene *Geschichtliche Grundbegriffe* schon 1997 (und nicht erst 2004, wie Apter eingangs behauptet).

Auch die überwiegend kritische Auseinandersetzung mit der deutschen Subjektphilosophie legt nahe, dass Cassin diese von der Deutschen Forschungsgemeinschaft mit Blick auf die in Aussicht gestellten und von den Herausgebern stets betonten Internationalisierungseffekte geförderten Unternehmungen (Kosellecks Projekt erst in den letzten Jahren, Ritters üppig seit 1966) sehr wohl im Blick hatte und insbesondere auf Ritter eine Antwort suchte. Schließlich gibt es sachliche Gründe, ihr Buch in einen Zusammenhang mit der jüngeren deutschen Begriffsgeschichte zu rücken. Denn im Unterschied zu älterer Problem- und Ideengeschichte zeichnet sich diese ebenfalls durch das Interesse am Sprachgebrauch und der sprachlichen

Verfasstheit der Begriffe aus, was bei Cassin in den Übersetzungsproblemen und -traditionen Gestalt gewinnt. Dabei werden in beiden Fällen die Ansprüche und Befugnisse der sprachwissenschaftlichen Untersuchungen in ihre Schranken gewiesen.

Für Cassin wie für Koselleck sind Wortgeschichte, Wortgebrauch und Gegenbegriffe ein Anfang, zu dem für den Historiker dann aber die Frage nach der sozialen Reichweite eines Begriffs tritt, die bei Cassin so gut wie keine Rolle spielt. Aber Begriffsgeschichte wird beides für Koselleck erst dadurch, dass in diesem Verfahren die »Rückübersetzung vergangener Wortgehalte in unser heutiges Sprachverständnis beschlossen liegt. Jede Wort- oder Begriffsanalyse führt von einer Feststellung vergangener Bedeutungen zu einer Festsetzung dieser Bedeutungen für uns.«[2]

Bei dieser Rückübersetzung geht es vor allem um den Übergang von deskriptiven zu normativen Aspekten, der in der Diachronie methodisch mitreflektiert und so objektivierbar wird. Obwohl Koselleck gewiss Ritters Aussage teilen würde, dass es nicht die Aufgabe eines Wörterbuches sei, »einen Standpunkt normativ geltend zu machen«,[3] ist methodisch gesicherte und historisch begründete Normativität beiden ein Anliegen. Darin sind sowohl Ritters und viel entscheidender noch Kosellecks Begriffsgeschichten politische, kritische Interventionen und keine bloßen Wörterbücher. Die Feststellung der Begriffsgeschichte ist kein Selbstzweck, sondern dient der Festsetzung unserer heutigen Begriffe.

Dass der normative Anspruch – und das heißt nichts weniger als ein politisches Selbstverständnis und entsprechendes Interesse – zur Begriffsgeschichte seit ihren Anfängen gehört, kann man in dem entsprechenden Eintrag in Ritters *Wörterbuch* nachlesen. Ging es zunächst um die Verteidigung der einen »philosophia perennis« gegen die Relativierungen des Historismus, blieb semantologische Kontrolle, »Regulierung von begrifflichen Wucherungen« (Lübbe) auch später ein Anliegen. In den an Koselleck und Ritter anschließenden *Ästhetischen Grundbegriffen* von Karlheinz Barck wird Begriffsgeschichte gleichfalls »als Vorgeschichte gegenwärtiger Verwendung« verstanden. Dieses begriffsgeschichtliche Projekt versteht sich als »Bilanz der Geschichte des ästhetischen Denkens vor dem Hintergrund

2 Reinhart Koselleck, Einleitung zu *Geschichtliche Grundbegriffe. Historisches Lexikon zur politisch-sozialen Sprache in Deutschland*. Hrsg. v. Otto Brunner, Werner Konze u. Reinhart Koselleck. Stuttgart: Klett 1972.

3 Joachim Ritter, Vorwort zu *Historisches Wörterbuch der Philosophie*. Basel: Schwabe 1971.

der aktuellen Entgrenzung des Ästhetischen«.[4] Auch das gegenwärtig am Berliner Zentrum für Literatur- und Kulturforschung in Arbeit befindliche Projekt zu einer Begriffsgeschichte für die zwei Kulturen der Geistes- und Naturwissenschaften leiten wenn nicht direkt politische, so doch zeitdiagnostische Interessen.[5]

Es gibt gute Gründe anzunehmen, dass Cassin sehr spezifische Vorstellungen von der europäischen Philosophie hat, die in ihr *Dictionnaire* eingegangen sind, aber dieses Anliegen tritt im Verfahren nicht so entschieden hervor, dass man es als solches formulieren könnte. In ihrem Vorwort bemerkt Apter, dass Cassin Begriffe wie »free radicals« behandele, ein etwas befremdlicher Terminus, den man vorzugsweise aus der Kosmetikwerbung kennt. Gemeint ist aber wohl Cassins gewissermaßen anarchischer Impuls, die Begriffe freizusetzen, das vermeintlich Begriffene oder Ergriffene zu entlassen, die geballte Faust zu entfalten und alles darin Gefasste fahren und fallen zu lassen. Frei nach Gottfried Benn: »Worte, Worte – Substantive – Jahrtausende entfallen ihrem Flug.«

Das ist auf seine Weise großartig und beeindruckend, aber den normativen, den politischen Anspruch, die »better versions of Europe« kann man dem nicht entnehmen. Anders dagegen Koselleck. Er war überzeugt, dass sich die Geschichte *in* den Begriffen niedergeschlagen hat, mit denen wir sie zu begreifen suchen. Das ist die Voraussetzung seiner Begriffsgeschichte. Für Cassin gilt dagegen, dass die Begriffe als Worte die Geschichte und vor allem die philosophische nur produzieren, um sie ebenso rasch auch wieder zu zersetzen. Ihr Affekt gegen »logical universalism« ist derart, dass sie die relative Konsistenz von Begriffen schon verneint hat, bevor die Frage nach deren Dauer und Wandel gestellt werden konnte.

Ist »Begriffsgeschichte« (die kein Lemma in den *Untranslatables* hat) ein German »intraduisible« wie »Bildung«?[6] Den Eindruck könnte man fast gewinnen, wenn man im zum Lemma »History« gehörigen Kasten (einmal mehr) Hegel sozusagen im O-Ton zitiert findet: »In our language, the term History (Geschichte) unites the objective with the subjective side … This union of the two meanings we must regard as of a higher order than mere

4 Karlheinz Barck u. a. (Hrsg.), *Ästhetische Grundbegriffe. Historisches Wörterbuch in sieben Bänden*. Stuttgart: Metzler 2001, Bd. 1.

5 Vgl. die Publikationsreihe *Forum interdisziplinäre Begriffsgeschichte* (seit 2012) und das entsprechende Forschungsprojekt am Berliner Zentrum für Literatur- und Kulturforschung.

6 Ganz neu auch Kari Palonen, *Politics and Conceptual Histories. Rhetorical and Temporal Perspectives*. Baden-Baden: Nomos 2014.

outward accident.« Dagegen treten die französischen und die englischen »Untranslatables« an. Mit einigem Recht, aber nicht ohne dafür einen Preis zu zahlen.

Bevor das ganz aus dem Ruder läuft und in philosophisch-wissenschaftliche Nationalsprachenpolitik ausartet, ein Wort zur Güte in alle Richtungen: Mit Bedauern verweisen Ritter, Koselleck, Cassin, Apter und Barck auf die Metapher als das, was bei ihnen jeweils leider habe zu kurz kommen müssen, gleichsam das innersprachliche Ausland, die Übersetzung vor der Übersetzung. Seine *Paradigmen zu einer Metaphorologie* hat Hans Blumenberg vor ihnen allen bereits 1960 in Rothackers *Archiv für Begriffsgeschichte* zu weiterem Gebrauch hinterlegt.

Memorialkolumne

Sichtbarkeit

Von Christian Demand

Das Auffallendste an Denkmälern«, stellte Robert Musil 1927 in einer Feuilletonskizze fest, sei, »daß man sie nicht bemerkt«. Zwar würden sie ganz offensichtlich mit der Zielsetzung aufgestellt, Aufmerksamkeit zu erregen, gleichzeitig aber seien sie »durch irgend etwas gegen Aufmerksamkeit imprägniert, und diese rinnt Wassertropfen-auf-Ölbezug-artig an ihnen ab, ohne auch nur einen Augenblick stehenzubleiben«. Musil erklärte diese paradoxe Dysfunktionalität psychologisch als Abnutzungsphänomen: Alles Beständige werde nun einmal über kurz oder lang unerbittlich in den Hintergrund unseres Bewusstseins abgedrängt, um zuletzt unsichtbar zu werden – in einem »Zeitalter des Lärms und der Bewegung«, so der Gedankengang, stehen statische Gedenkinszenierungen deshalb von vornherein auf verlorenem Posten.

Der spöttische Rat des Schriftstellers an die bemitleidenswerten Standbilder, die anachronistischerweise noch immer »ruhig am Wege stehn und sich Blicke schenken lassen« wollten, lautete deshalb, sie sollten sich gefälligst etwas mehr anstrengen: »Warum greift der in Erz gegossene Held nicht wenigstens zu dem anderwärts längst überholten Mittel, mit dem Finger an eine Glasscheibe zu klopfen? Weshalb drehen sich die Figuren einer Marmorgruppe nicht umeinander, wie es bessere Figuren in den Geschäftsauslagen tun, oder klappen wenigstens die Augen auf und zu?«

Musils Abnutzungsthese hat etwas Bestechendes. Den Gewöhnungseffekt kennt man aus dem Alltag, seine wahrnehmungserosive Wirkung ist eine der zentralen Triebkräfte des Formenwandels ob in Kunst, Architektur, Mode oder Design. Da Denkmäler in besonderem Maße auf Dauer angelegt sind, klingt die Behauptung zunächst plausibel, sie seien auch in besonderem Maße davon betroffen. Und doch scheint mir diese Erklärung in zweierlei Hinsicht zu kurz gegriffen. So richtig (und zugleich trivial) es ist, dass Monumente errichtet werden, um Aufmerksamkeit auf sich zu ziehen, so wenig überzeugend ist die Vorstellung, sie müssten sich mühselig gegen die Betriebsamkeit des sie umgebenden Stadtraums durchsetzen, indem sie mit Werbemitteln und Würstchenbuden um Laufkundschaft buhlen. Sie hat etwas von dem Versuch, rückläufigen Gottesdienstbesuch durch das wachsende Freizeitangebot zu erklären. Dabei ist die Wahrheit doch eher, dass jemand, der Kirchgang und Kinobesuch ernsthaft für alternative Freizeitbeschäftigungen hält, als Adressat für religiöse Botschaften ohnehin nur sehr eingeschränkt in Frage kommt.

Denkmal und Umraum

Eine der zentralen Herausforderungen bei der Gestaltung von Monumenten besteht deshalb seit jeher darin, den Registerwechsel zwischen den Ansprüchen öffentlicher Gedenkkultur und denen anderer Daseinsfelder überzeugend zu markieren – dass sie genau darin versagen, beschert Musils unwürdig gestikulierenden Heldenfiguren ja erst den komischen Effekt. In der Regel geschieht das dadurch, dass man Denkmäler ostentativ von ihrem näheren Umraum absetzt, sei es durch Einfriedung, Erhöhung, Monumentalisierung, aber auch durch den Einsatz besonderer Würdeformeln und außergewöhnlichen Aufwand, und das umso energischer, je prosaischer sich dieses Umfeld seinerseits präsentiert. Natürlich beeinflusst der Charakter des Umraums die Wirkung trotz alledem, die Abgrenzung ist schließlich niemals vollständig. Aber solange unser kulturelles Hintergrundwissen hinreichend ist, die unterschiedlichen Ebenen auseinanderzuhalten, blenden wir die störenden Wahrnehmungsreize so selbstverständlich und mühelos aus, wie wir als Touristen die parkenden Autos vor der Schlosskulisse ausblenden.[1] Sichtbarkeit ist also nicht allein eine psychologische, sie ist auch eine kulturelle Größe.

Sofern Denkmäler überhaupt in einem Sichtbarkeitswettbewerb stehen, kann dieser folglich nur andere Denkmäler betreffen. Denkmäler erfüllen ihren Zweck aber keineswegs allein dadurch, dass sie Aufmerksamkeit erregen. Sie fordern Einstimmung ein und zwar im ambitioniertesten Sinne: Wer Denkmäler stiftet, will nicht nur erreichen, dass die politischen, sozialen oder auch kulturellen Identifikationen, die sie transportieren sollen, verstanden und ernst genommen werden, er will vielmehr, dass sie jedermann als über jeden Zweifel erhaben und zugleich als Ausdruck ureigenster Überzeugungen empfindet.[2] Diese Intention aber wird durch schwindende Sichtbarkeit weit weniger infrage gestellt als durch jedes noch so geringe Nachlassen der Verpflichtungskraft der Botschaft und ihres Anspruchs auf Dringlichkeit. Wer jemandem einen klaren Marschbefehl gibt, möchte, dass der sich in Bewegung setzt, und nicht, dass er stattdessen nach dem Sinn der Order fragt, sie als unverbindliches Angebot versteht oder auch die schöne Formulierung lobt. Genau solche Effekte aber treffen früher oder später jede statische Gedenkinszenierung. (Vermutlich rührt daher die besondere Faszination temporärer Lösungen, die verschwunden sind, bevor die Erosion der Botschaft überhaupt einsetzen kann.)

Gedenkerosion

Nirgendwo in Deutschland lässt sich das so gut beobachten wie in Berlin. Allein im Großen Tiergarten, dem weitläufigen

1 Eine interessante Problematik ergibt sich, wo diese Trennung bewusst unterlaufen wird, etwa bei den sogenannten Stolpersteinen. Mehr dazu in der ersten Folge dieser Kolumne mit dem Titel *Schwieriges Gedenken* (*Merkur*, Nr. 782, Juli 2014).

2 Das wirft nun allerdings zwangsläufig die Frage auf, weshalb eigentlich ausgerechnet das Selbstverständliche außergewöhnlicher äußerer Merkzeichen bedürfen sollte. Sichtbarkeit ist bei Denkmälern also eine durchaus ambivalente Qualität: Je auffälliger ein Monument in den öffentlichen Raum gesetzt ist, desto näher liegt es, es nicht als harmloses Identitätssignal, sondern als öffentliches Zeichen des Misstrauens und zugleich als gedenkpolitischen Disziplinierungsversuch zu lesen.

Stadtpark nahe dem Regierungsviertel, in dessen Mitte die Siegessäule in den Himmel ragt, finden sich sage und schreibe 67 Skulpturen aus mehr als zweieinhalb Jahrhunderten. Knapp die Hälfte davon sind Jagdgruppen und Tierfiguren, der Rest aber hat in mehr oder weniger strengem Sinn Denkmalcharakter. Sie alle signalisieren ihren Ewigkeitsanspruch gleichermaßen durch beständige Materialien und eine Gemeingültigkeit unterstellende Formensprache. Das Panorama der Sujets reicht vom »Herkules Musagetes« über reichseinigende Allegorien »Deutscher Ströme«, von überlebensgroßen Fürsten und Feldherrn, Komponisten und Dichtern, Politikern, Philosophen und steinernen Kriegergruppen bis hin zu vage Sinnbildlichem mit Kunstanspruch wie Gerhard Marcks' »Der Rufer« von 1967.

Der charakteristische Modus der Uneigentlichkeit, in dem einem die weitaus meisten dieser Bildwerke entgegentreten, hat mit mangelnder Sichtbarkeit ganz offensichtlich weit weniger zu tun als mit der Durchsichtigkeit der Inszenierung, und die ist nicht die Folge von Gewöhnung, sondern von Distanz. Der Appellcharakter von Denkmälern erodiert mit dem zeitlichen Abstand zu den ursprünglich sinngebenden Kontexten. Die Botschaften, die sie einstmals transportieren sollten, werden historisch. Sie lassen sich bei Bedarf zwar über (kunst)historische Zusatzinformationen rekonstruieren, aber das heiße Pathos von einst ist erkaltet, die Identifikationsangebote wirken mehr oder weniger krude, und zugleich ist die Verbindung zwischen Inszenierung und Botschaft so lose und dadurch für alle nur denkbaren Rekontextualisierungen verfügbar geworden, dass sie nun ganz anderen Verhaltens- und Empfindungsregistern Raum geben als ehedem intendiert. Auf diese Weise konnten beispielsweise Brandenburger Tor und Siegessäule in der öffentlichen Wahrnehmung von herrischen Triumphmalen zu harmlosen Wahrzeichen umgedeutet werden – und dabei an Sichtbarkeit sogar noch einmal erheblich hinzugewinnen.

Wie schnell der Zerfall der Überzeugungskraft auch bei den raumbeherrschendsten Gedenkinszenierungen vor sich gehen kann, belegt das unmittelbar nach Kriegsende errichtete, mit Panzern und Geschützen bestückte sowjetische Ehrenmal für die Gefallenen der Roten Armee. Seine Botschaft zielt unzweideutig und mit einem Pathos in die Gegenwart, das jedermann uneingeschränkte Zustimmung ansinnt. Doch die abweisend glatte, martialische Monumentalität wirkt mittlerweile so fremdartig, dass die Anlage, hinter deren Schauseite immerhin 2500 Soldaten bestattet sind, bereits bedenklich museal anmutet. Als im April 2014 angesichts der militärischen Eskalation in der Ukraine *Bild* und *BZ* in Berlin auf der Suche nach einer packenden Schlagzeile die Entfernung der »Russenpanzer« forderten, war die Resonanz deshalb auch gleich Null. Dass allerdings auch der bewusste Verzicht auf besondere Sichtbarkeit kein Garant für längere Wirksamkeit ist, belegt das demgegenüber fast schüchtern wirkende Mauerdenkmal für die Opfer der SED-Diktatur aus dem Jahr 1961, das denkbar unglücklich zwischen den Fahrbahnen der Straße des 17. Juni platziert ist, so dass es allenfalls noch als Fotokulisse für Sightseeingbusse funktioniert.

Zeitgenössische Denkmalsregie versucht dem Zerfall ihrer Botschaft in der

Regel dadurch entgegenzuarbeiten, dass sie der anschaulichen Vergegenwärtigung der Denkmalsidee vor Ort so viel Schriftliches wie möglich an die Seite stellt. Nun sind Denkmalsdedikationen an sich nichts Neues, doch die umfangreichen, wissenschaftlich-pädagogischen Begleittexte von heute lassen sich mit den knappen Inschriften der Vergangenheit kaum vergleichen. Das Vertrauen in die Haltbarkeit historischen Wissens ist mittlerweile offenbar deutlich größer als das in die Haltbarkeit suggestiver Formen. Der Ewigkeitsanspruch der Denkmalsbotschaft muss deshalb auch nicht mehr ausschließlich über die Solidität des Materials oder die Nachhaltigkeit der Gestaltungssprache kommuniziert werden, er wird über den Anspruch auf wissenschaftliche Objektivität vermittelt.

Berlin Junction

Typisch dafür ist das jüngste Mahnmal im Tiergartenareal, die im September 2014 eröffnete Gedenkstätte für die Opfer der nationalsozialistischen »Euthanasie«-Morde. Sie steht an einer besonders unwirtlichen Stelle am äußersten nördlichen Rand des ohnehin schon unwirtlichen Kulturforums,[3] dort, wo die starkbefahrene Tiergartenstraße am monumentalen Baukörper der Berliner Philharmonie vorbeiführt, also an einer für Memorialzwecke zumindest aus pragmatischer Sicht denkbar ungünstigen Stelle. Während der Nazizeit befand sich hier eine massige Stadtvilla in Neorenaissanceoptik, die zwangsrequiriert und zum Behördensitz umfunktioniert worden war. Dort hatte seit 1940 die »Zentraldienststelle T4« ihren Sitz, die für die Erfassung, Selektion und Vernichtung Zehntausender Patienten von Heil- und Pflegeanstalten zuständig war. Gegen Ende des Krieges wurde das Areal durch Bomben weitgehend zerstört und später so umfassend umgestaltet, dass nichts, aber auch gar nichts mehr an die vorangegangene Bebauung, geschweige denn an deren Nutzung erinnerte.

Mitte der achtziger Jahre machten Bürgergruppen auf die architektonisch auf Dauer gestellte Erinnerungslücke aufmerksam und forderten die Stadt auf, zu Ehren der »Euthanasie«-Opfer am ehemaligen Standort der Zentraldienststelle ein Denkmal zu errichten. Die aber installierte dort 1988 stattdessen eine Monumentalplastik von Richard Serra, eine bildhauerische Formübung aus zwei gebogenen, eng aneinander stehenden Stahlwänden. Serra hatte sie ursprünglich unter dem Titel »Berlin Curves« als Beitrag zu einer Ausstellung angefertigt, bei der sie im Atrium des Martin-Gropius-Baus hätte gezeigt werden sollen. Da sie sich für den Standort aber peinlicherweise als überdimensioniert erwies, wurde sie notgedrungen vor den Gropiusbau ausgelagert, *site specificity* hin oder her. Nach Ende der Schau kaufte die Stadt Berlin das Werk an und ließ es auf Wunsch des Künstlers in unmittelbarer Nähe zu Hans Scharouns Philharmoniebau aufstellen.

Das war der Auftakt zu einer hitzigen politischen Debatte, die damit ein vorläufiges Ende fand, dass 1989 eine bronzene Gedenkplatte in den Boden vor Serras Plastik eingelassen und diese kurzerhand vom Kunstwerk zum Denkmal umgewid-

3 Vgl. Gerwin Zohlen, *Kulturforum, neu verortet*. In: *Merkur*, Nr. 785, Oktober 2014.

met wurde. Der Künstler, der den Standort in Unkenntnis der Vorgeschichte gewählt hatte, weil der Schwung seiner Stahlplatten dort mit Scharouns schwingender Dachlandschaft korrespondierte, erklärte sich damit einverstanden und taufte das neu kontextualisierte Werk in »Berlin Junction« um. Dass er die Gestaltung der Gedenkplatte ohne weiteres einem Kollegen überließ, ist eine der vielen kruden Pointen der Geschichte, aber letztlich eine Randnotiz.[4] Weit wichtiger ist der gedenkpolitische Statuswechsel, den der Vorgang anzeigte. Den NS-»Euthanasie«-Programmen zum Opfer gefallen zu sein, galt mit der behördlich sanktionierten Umwidmung nicht mehr länger als tragisches Privatschicksal, sondern als Folge systematischen staatlichen Unrechts, dessen Opfern öffentlich zu gedenken war.[5]

Damit aber wurde die Frage, wie dieses Gedenken angemessen zu zelebrieren sei, zum potentiellen Gegenstand künftiger gedenkpolitischer Äquivalenzkalküle, in denen es tatsächlich einmal um Sichtbarkeit als Relevanzkriterium ging. In dem Maße, in dem anderen Opfergruppen in direkter Nachbarschaft aufwändige Mahnmale zugesprochen wurden, verwandelte sich die unscheinbare Bodentafel neben den letztlich beziehungslosen Stahlwänden nämlich zwangsläufig vom sichtbaren Zeichen der Anerkennung eines Unrechts zu etwas vergleichsweise Unsichtbarem und damit zum Indiz für den Verdacht, die Anerkennung sei womöglich doch nur halbherzig erfolgt.[6] Nachdem zunächst versucht worden war, diesen vermeintlichen Bedeutungsverlust durch zusätzliche Informationstafeln in der Nachbarschaft aufzufangen, beschloss der Bundestag schließlich 2011 die Errichtung eines eigenständigen Mahnmals.

4 Zur ganzen Abstrusität dieser dreifachen Umwidmung vgl. Bettina Springer, *Site-specificity and Urban Icons in the Light of the Creative City-marketing*. In: Serena Vicari Haddock (Hrsg.), *Brand-building. The creative city. A critical look at current concepts and practices*. Firenze University Press 2010.

5 Dieser Perspektivwechsel erfolgte wohl nicht zuletzt deshalb so spät, weil die Identität einer derart heterogenen Opfergruppe weit schwerer zu fassen war und zugleich weniger natürliche Sachwalter fand als im Fall von Verfolgung wegen rassischer Merkmale, politischer Überzeugung oder sexueller Orientierung. Schließlich war die juridische Kategorie des »unwerten« Lebens durch die Nazi-Eugenik willkürlich hergestellt worden.

6 Die Aufwertung des »Euthanasie«-Mahnmals verändert das Äquivalenzgefüge unter den Gedenkstätten erneut. Erst jüngst beschwerte sich der ehemalige Wehrbeauftragte Reinhold Robbe öffentlich über den abgelegenen Standort des »Walds der Erinnerung«. Das neue Ehrenmal der Bundeswehr für im Dienst gestorbene Soldaten liegt auf einem Kasernengelände in Potsdam-Schwielowsee. In der Presse stieß Robbe damit weitgehend auf Zustimmung. In der *Süddeutschen Zeitung* etwa forderte Christoph Hickmann (17.11.2014) gleich noch eine weitere Gedenkstätte »in der Mitte der Gesellschaft«. Dass es bereits ein Ehrenmal der Bundeswehr am Rande des Tiergartenareals gibt, ließ er nicht als Gegenargument gelten. Da der Bundestag die Bundeswehr in ihre Einsätze schicke, müsse das Gedenken an die Toten auch »in der Nähe dieses Parlaments« seinen Ort haben: »Eine Gesellschaft, die Menschen zum Kämpfen ausschickt, muss es sich selbst zumuten, die Folgen dieser Entscheidung an zentraler Stelle vor Augen geführt zu bekommen.« Das dokumentiert nicht nur ein bemerkenswertes Zutrauen in die Verdichtungsresistenz von Gedenkstätten sondern auch reichlich überspannte Erwartungen an deren appellative Durchschlagskraft.

Glaswand, blau getönt

Als Ergebnis des daraufhin ausgeschriebenen Gestaltungswettbewerbs entstand eine zwitterhafte Anlage, abseitig gelegen und von Verkehrslärm umbrandet, von der man nicht recht weiß, ob man sie überhaupt als Denkmal ansprechen soll. Ihr Zentrum besteht aus einer 24 Meter langen, zweieinhalb Meter hohen, blau getönten Glaswand, die sich auf einer rechteckigen, leicht geneigten Bodenfläche aus grauen Betonpflastersteinen aufrichtet. Als Blickfang neben dem Besucherzentrum einer Landesgartenschau würde die karge Materialetüde niemandem weh tun, zumal sie dort nur die umgebende Bepflanzung architektonisch einzurahmen hätte. An einem Ort wie diesem weckt die erratische Anordnung hingegen ein quälendes Enträtselungsbedürfnis, das im anschaulichen Bestand unglücklicherweise keinerlei Widerhalt findet. Welchen Überlegungen die Formgebung folgt, bleibt ebenso unklar wie die Frage, ob sich die streng plane Glaswand und Serras (mittlerweile wieder rein künstlerisch zu lesende?) ebenfalls rechteckige, aber kurvierte Stahlwände in irgendeiner Weise aufeinander – oder vielleicht nunmehr beide auf den Dachschwung der Philharmonie? – beziehen sollen.

Die hermeneutischen Handreichungen, die das dreiköpfige Gestalterteam anlässlich der Einweihung öffentlich gemacht hat, werfen leider mehr Fragen auf, als sie beantworten; ihre pastorale Unverbindlichkeit liegt zudem an der Grenze zur Unverschämtheit. So soll die graue Fläche »für die ›Schräglage‹ und den immer bleibenden ›negativen Abdruck‹«, stehen »den die ›Euthanasie‹ des NS-Staates in der Geschichte unserer Gesellschaft hinterlassen hat«; das Blau »steht – assoziativ – für Himmel, Atmosphäre, Luft und damit Leben, wie auch für Ferne, Kühle und damit Sehnsucht, Hoffnung, Traurigkeit«; die Glaswand wiederum steht »im Augenblick des Gedenkens für die Verbindung der Besucher des Ortes zu den durch die NS-›Euthanasie‹ getöteten bzw. zwangssterilisierten Menschen: im Gegenüber der Glaswand stehen sie uns gegenüber, aber auch zwischen uns.«

Deutlich weniger kommentarbedürftig sind Sinn und Funktion der kargen Sitzbank sowie des »Informationselements«, die der Glaswand längsseitig gegenüberstehen. Beide sind gut dreißig Meter lang und bestehen aus schmalen Sichtbetonfertigteilen. In die pultartige Oberfläche der hüfthohen Infoanlage sind bedruckte, teilweise hinterleuchtete Glastafeln sowie zwei »Medienstationen« mit Bildschirm eingelassen, auf denen, soweit dies auf solch begrenztem Raum möglich ist, die Hintergründe der »Aktion T4« geschildert, exemplarische Biografien vorgestellt und zeitgeschichtliche Kontexte angerissen werden. So ergibt sich ein Ensemble in seltsamer Mittellage zwischen Kunst am Bau und pädagogischer Mediathek, eine Art begehbares Schulbuch in gartenfester Ausführung, das aus gutem Grund in der offiziellen Sprachregelung gar nicht erst als Mahnmal, sondern als »Gedenk- und Informationsort« firmiert.

Denkmal statt Mahnmal

Eine auf allen Ebenen derart uninspirierte Gedenkinszenierung kann natürlich nicht mit guter Presse rechnen. An dem gremiengehärteten Panzer aus gestalterischer Unverbindlichkeit und begleitendem Volkshochschulseminar, für dessen Inhalte – wie in solchen Fällen mittlerweile üblich – eine vielköpfige wissenschaftliche Kommission bürgt, finden kritische Einwände aber auch denkbar wenig Halt. So ist die Reaktion von Andreas Kilb, der für das Feuilleton der *Frankfurter Allgemeinen Zeitung* über die Einweihungsfeierlichkeiten berichtete, durchaus symptomatisch. Sein Beitrag schilderte Gestaltung und Vorgeschichte des Projekts sowie die bewegenden Opfergeschichten, die während des Festakts vorgetragen wurden, bevor er eher abrupt mit der missvergnügten Bemerkung endete, der bläuliche Glasschirm rage aus dem schwarzen Sockel, »als wollten uns die Künstler das Gedenken wie eine dunkle Brille aufsetzen. Ein Mahnmal für die Toten sieht anders aus.«[7]

Wie man sich dieses »anders« konkret vorzustellen habe und wer darüber weshalb und nach welchen Kriterien zu befinden habe, verriet er leider nicht. Und das ist auch kein Wunder, denn das weiß, wenn man es genau nimmt, schon sehr lange niemand mehr. (Auch deshalb setzen Gedenkstättenplaner immer noch und immer wieder auf die Legitimationsmagie »authentischer« Orte.) Die Regelmäßigkeit, mit der hierzulande in den einschlägigen Memorialdebatten die Forderung auftaucht, ein Denkmal müsse in erster Linie künstlerisch überzeugend sein, hat deshalb fast schon etwas Rührendes.[8] Liest man beispielsweise, was der Architekturkritiker und Gestaltungsreformer Karl Scheffler vor gut hundert Jahren über die Denkmalmisere des Kaiserreichs schrieb – auch damals schon fanden sich die instruktivsten Beispiele in Berlin –, weiß man, dass die Ratlosigkeit seinerzeit um keinen Deut geringer war als heute.[9]

Für Scheffler war schon allein der Typus des freistehenden Figurendenkmals, der während des 19. Jahrhunderts immer populärer geworden war, Ausdruck einer schweren Gestaltungskrise, da dadurch die Jahrtausende alte Verbindung zwischen Standbild und Architektur auseinandergerissen worden sei. Zwar gab er zugleich der Hoffnung Ausdruck, die Lage werde sich in dem Maße bessern, in dem Kunst und Architektur zu neuer Blüte fänden. Sonderlich optimistisch klang er dabei allerdings nicht: »Solche Bildungen bedürfen langer Fristen, um reif zu werden, weil das ganze Volk sich vorher in seinen ethischen und ästhetischen Verehrungsbedürfnissen finden und verstehen lernen muss.« Zumindest die zweite Forderung ist bis heute offenbar unerfüllt geblieben. So wird es bis auf weiteres wohl bei biederer Didaktik und blauen Glasscheiben bleiben. Immerhin klopft niemand daran.

7 Andreas Kilb, *Erinnerung ist eine blaue Brille*. In: *FAZ* vom 3. September 2014.

8 So forderte in der Debatte um das geplante Einheits-Denkmal Thomas Lackmann im *Tagesspiegel* (*Stoppt den Mahnmalkitsch* vom 6. Oktober 2013), man möge doch bitte angesichts der Gestaltungsmisere auf diesem Feld »künftig nicht mehr von Mahnmalen reden, sondern von Denkmalen, die als Kunstwerke, ohne volksdidaktische Auflagen, geplant, gewürdigt und kritisiert werden dürfen«.

9 Karl Scheffler, *Moderne Baukunst*. Leipzig: Julius Zeitler 1908.

Popkolumne

Vergangene Zukunft: Repetition, Rekonstruktion, Retrospektion

Von Eckhard Schumacher

Folgt man den Stimmen, die in den letzten Jahren im Diskurs über Popmusik aufgefallen sind, sieht es für die Zukunft des Pop gegenwärtig nicht gut aus. Und auch das, was wohl von Beginn an im Zentrum von Pop gestanden hat, die Fokussierung auf die Gegenwart, das Jetzt, den Pop-Imperativ »Be Here Now«, scheint schon bessere Zeiten gehabt zu haben. »Wir leben in einem Zeitalter des Pop, das völlig verrückt ist nach permanenter Erinnerung«, schreibt der Popkritiker Simon Reynolds und legt so gleich zu Beginn seines Buchs *Retromania* nahe, dass die »größte Gefahr für die Zukunft« der Popmusik »*ihre eigene Vergangenheit*« sei.[1]

Eine Vergangenheit, die, wie sich Reynolds erinnert, gerade dadurch gekennzeichnet war, nicht auf Erinnerung und Vergangenheit, sondern auf Gegenwart und Zukunft zu setzen: »Es gab einmal eine Zeit, in der der Stoffwechsel des Pop auf Hochtouren lief und während der psychedelischen 60er, der Post-Punk-70er, der Hip-Hop-80er und der Rave-90er das Gefühl erzeugte, direkt in die Zukunft gespült zu werden.« In der nunmehr auch vergangenen Gegenwart der 2000er Jahre jedoch wurde das Gefühl vorwärtszukommen immer schwächer, wie auch »der Pulsschlag des JETZT«, was daran lag, so erinnert es zumindest Reynolds, »dass die Gegenwart von Pop in den 2000ern immer mehr von der Vergangenheit verdrängt wurde, sei es durch die Erinnerungen aus dem Archiv des Gestern oder als Retro-Rock, der sich an alte Stile klammerte«.

Die einschlägigen Fakten, die so zahlreich sind, dass sie sein Buch mit ihrer schieren Masse nicht nur beflügeln, sprechen zunächst klar für Reynolds Thesen: Aufwändig gestalteten historisch-kritischen CD-Box-Set-Werkausgaben von Popklassikern, musealen Aufbereitungen von Popgeschichte und mehr oder weniger wünschenswerten Reunions von zumeist aus guten Gründen längst aufgelösten Bands ist seit einigen Jahren ebenso wenig zu entkommen wie legendären Alben, die Jahrzehnte später Stück für Stück live reinszeniert werden, gern auch in Museen.

Geradezu paradigmatisch war das im Jahr 2012 an der »Retrospective 1 2 3 4 5 6 7 8« im Museum of Modern Art in New York zu studieren, in der Kraftwerk an acht aufeinanderfolgenden Abenden große Teile ihres kanonischen Repertoires in chronologischer Ordnung in Form von »reinterpretation showcases« als konsekutive Popgeschichtslektionen präsentierten, um sich, beiläufig oder ganz gezielt, in der immer noch maßgeblichen Institution für moderne Kunst zu verewigen.

Hinzu kommt ein scheinbar grenzenlos verfügbares Archiv, das im Netz über Plattformen wie Youtube oder hochspezialisierte Blogs die Geschichte der Popmusik vergegenwärtigt und dieser zudem permanent zuvor kaum bekanntes Material hinzufügt. Obskure Fundstücke, übersehene Klassiker, historische Momente wie auch vollkommen unspektakuläre Nebenwege

1 Simon Reynolds, *Retromania. Warum Pop nicht von seiner Vergangenheit lassen kann.* Mainz: Ventil 2012.

der Popmusik sind unaufwändig verfügbar, immer schon vernetzt, jederzeit bereit zur instantanen Aktualisierung. Auch das hat Reynolds im Blick, wenn er die Gegenwart der Popmusik durch ihre eigene Vergangenheit bedroht sieht. Entsprechend nimmt er zwar skeptisch, in der Sache aber durchaus bestätigend die These der Cyberpunk-Autoren William Gibson und Bruce Sterling auf, die »heutige Jugend« lebe »in einer Art endlosem digitalen Jetzt«, das einem »Zustand der Zeitlosigkeit« gleichkomme und zu einer grundsätzlichen »Zukunftsmüdigkeit« führe.

There Was No Now

Diese Diagnose teilt prinzipiell auch der Kulturwissenschaftler, Journalist und Blogger Mark Fisher, wenn er in seiner Essaysammlung *Ghosts Of My Life* mit Blick auf Popmusik, Fernsehserien und diverse weitere Ausprägungen der Popkultur eine Deflation von Erwartungen ausmacht, die sich genau genommen als »slow cancellation of the future« erweise.[2] Wie Reynolds konstatiert auch Fisher, dass die Gegenwart auf außergewöhnliche Weise auf die Vergangenheit ausgerichtet sei, wobei letztlich die Unterscheidung zwischen Vergangenheit und Gegenwart selbst zusammenbreche. Internet und mobile Telekommunikationstechnologien haben, argumentiert Fisher, die Alltagskommunikation insofern grundlegend verändert, als die Kultur die Fähigkeit verloren hat, die Gegenwart zu erfassen und zu artikulieren – wenn es denn überhaupt noch eine Gegenwart geben sollte, die man erfassen und artikulieren kann, und nicht nur »eternal 1960s« oder »eternal 80s«, die weder der Gegenwart noch der Vergangenheit, sondern allenfalls einer »timeless era« zuzuordnen sind.

Die Omnipräsenz eines frei verfügbaren Archivs führt in dieser Logik geradezu unweigerlich zu der Annahme, es gebe kein »Jetzt« mehr, das man von einer Vergangenheit abgrenzen und historisch reflektieren könnte. Wenn eine im Jahr 2005 offensiv mit Versatzstücken der Popmusik der achtziger Jahre arbeitende Band wie die Arctic Monkeys nicht als »Retro« begriffen wurde, liegt das, so Fisher, nur daran, dass es in der Gegenwart des Jahres 2005 keinen Sinn für historische Differenzen und mithin auch kein emphatisches Verständnis von Gegenwart mehr gab – »there was no ›now‹ with which to contrast their retrospection«. Nicht nur die Tatsache, dass die Arctic Monkeys durchaus mit dem Schlagwort »Retro« belegt wurden, läuft dieser Annahme zuwider.

Sie ist ebenso irreführend wie Reynolds' These, das Pastiche-Verfahren der Band Vampire Weekend, die heterogenste Elemente und disparate Quellen kombiniert, führe zu »Pop, der wahrlich aus jeder Zeit und von jedem Ort stammen könnte«. Schon heute, kaum fünf Jahre nach der Veröffentlichung, klingt Vampire Weekends *Contra* in einem doppelten Sinn *dated* – und widerlegt auf diese Weise die unterstellte Zeitlosigkeit: Man hört durchaus, dass es ein Album von 2010 und nicht von 2015 ist, man würde ein solches Album heute nicht mehr erwarten, und würde es heute so wie vor fünf Jahren erscheinen, würde man es mit hoher Wahrscheinlichkeit eben für *dated* halten.

2 Mark Fisher, *Ghosts of my Life. Writings on Depression, Hauntology and Lost Futures.* Winchester: Zero Books 2014.

Ähnlich fragwürdig erscheint auch die These, mit dem Sinn für eine tatsächlich auf die Gegenwart bezogene »Nowness« gehe unweigerlich auch der Sinn für »Newness« verloren. Fisher unterstellt, die experimentelle Kultur des 20. Jahrhunderts sei noch durch ein »recombinational delirium« gekennzeichnet gewesen, das Neuheit und Gegenwärtigkeit unendlich verfügbar erscheinen ließ, das 21. Jahrhundert hingegen werde erdrückt von Endlichkeit und Erschöpfung. Dieser Schematismus fügt sich zwar passgenau in die Argumentation ein, die ein viel weiter ausgreifendes, in vielen Hinsichten interessantes Verfallsszenario im postfordistischen Kapitalismus entfaltet, bleibt aber genaugenommen eine kaum nachvollziehbare Behauptung. Sie erscheint trotz der unübersehbaren Retro- und Nostalgie-Wellen ebenso wenig tragfähig wie Fishers These, auf der Ebene der Form herrsche gegenwärtig deshalb Stillstand, weil die Popmusik ihre Entwicklung durch die Dominanz von Pastiche und Repetition selbst blockiere.

So entpuppt sich die Sorge um das Verschwinden der Zukunft wie der Gegenwart letztlich als Variation auf die spätestens seit den 1960er Jahren geläufige Rede vom Ende des Pop. Das Ende erscheint dabei nicht als »plötzliche Katastrophe«, nicht »mit einem Knall«, was immerhin noch den Maßstäben und einem letzten Aufbäumen von Pop entsprechen könnte, sondern, wie Reynolds bedauernd festhält, als »schleichendes Verschwinden«, etwa mit »einem Box-Set, dessen vierte CD du niemals abspielen wirst«.

Was in dieser Argumentation leicht aus dem Blick gerät, ist die Tatsache, dass es durch das historische Anwachsen und die neue Verfügbarkeit des Archivs auch möglich wurde, genauer zu erkennen, dass die Gegenwartsfixierung von Pop nie so geschichts- und referenzlos war, wie sie sich selbst gelegentlich dargestellt hat und wie sie von einigen gesehen wurde. »Nowness« war für Pop immer ein Prinzip, das Vergangenheit, Historizität und Referentialität gerade nicht ausblendet, sondern in der scheinbar gegenläufigen Fixierung auf die Gegenwart mit aufruft und so in einem wenigstens doppelten Sinn ausstellt. In dieser Hinsicht bricht auch das Prinzip »Re-make/Re-model« als Modus einer Wiederholung mit Differenz nicht erst 1972 mit dem ersten Song der ersten LP der britischen Band Roxy Music ins Popuniversum ein, das Prinzip der Repetition bestimmt – wie das Verfahren des Pastiche – schon sehr viel länger eben das, was mit dem Begriff Pop erfasst werden kann.

Auch die Formel »Be Here Now« war schon bei John Lennon und George Harrison, die sie auf je verschiedene Weise seit den sechziger Jahren unter den Vorzeichen von Pop in Umlauf gebracht haben, eine Fokussierung auf das Hier und Jetzt, die über das, was sie bezeichnet, immer schon hinausgewiesen hat, die mit Referenzen überladen war, ein Zitat, ein Fundstück aus der Referenzhölle des Pop. So ist *Be Here Now* nicht zuletzt der Titel eines weltweiten Bestsellers von Ram Dass, zuvor bekannt als Dr. Richard Alpert, Psychologieprofessor an der Harvard University, der Anfang der sechziger Jahre in einem Forschungsprojekt in Zusammenarbeit mit Dr. Timothy Leary nicht ganz im Sinne der Universitätsleitung Effekte von Psilocybin und LSD in Theorie und Praxis untersucht hat. Die

Formen der Spiritualität, die in diesem wie in weiteren Zusammenhängen mit dem Schlagwort »Be Here Now« assoziiert wurden, zielten nicht zuletzt auf die Suche nach einem »ETERNAL PRESENT« ab, das auch in den Popappropriationen der Beatles weiter mitschwingt.

So selbstverständlich »Be Here Now« im Kontext von Pop eine radikale Fixierung auf die Gegenwart beschreiben und vollziehen kann, so selbstverständlich ruft die zitierte Formel Referenzen auf, die die Gegenwartsfixierung für weitere Zusammenhänge öffnet, die neu konfiguriert werden und dabei ebenso Vorstellungen einer zeitlosen Gegenwart sichtbar machen wie Zukunftsentwürfe, die gerade dadurch signifikant erscheinen, dass sie sich nicht fixieren lassen.

So wurde – und wird – im Modus von Pop in der Fokussierung auf die Gegenwart immer auch das Versprechen erneuert, dass es weitergeht, ohne jedoch Prognosen über das »Wie« hinzuzufügen. *Tomorrow never knows*, das letzte Stück auf dem 1966 veröffentlichten Beatles-Album mit dem bezeichnenden Titel *Revolver*, ist insofern in mehrfacher Hinsicht programmatisch zu verstehen: Einem referenzbeladenen Titel und ebenso zitatförmigen Lyrics, die wiederum nicht zuletzt aus Timothy Learys und Richard Alperts Bewusstseinserweiterungsstudien generiert werden, korrespondiert ein Song, der sich auf einem durchgängigen Schlagzeug- und Bass-Loop sowie rückwärts laufenden Tonbandschleifen aufbaut. Auf der Ebene der Verfahren, in der Kombination von Titel, Text und musikalischer Produktion, im Zusammenspiel von Pastiche und Repetition wird hier reflektiert, wie Pop funktioniert – im Jahr 1966, aber eben auch vorher und nachher. Vergangenheit, Gegenwart und Zukunft werden gleichermaßen adressiert, jedoch so, dass sich ihre Parameter verschieben, dass die vermeintliche Ordnung der Zeit durch Projektionen, Rekursionen und *time loops* aus den Fugen gerät.

In den vergangenen zwanzig Jahren hat die – wiederum auf bemerkenswerte Weise gegenwartsfixierte – Repetitivität elektronischer Tanzmusik die Aufmerksamkeit erneut auf das Prinzip des Loops gelenkt und in dieser Hinsicht den Blick für Zusammenhänge geschärft, die ganz grundlegend das betreffen, was unter dem Stichwort Pop verhandelt wird. Begreift man den Loop nicht nur als Blockierung im Modus der Repetition, sondern als zentrales Moment der Differenzmaschine Pop, die das Prinzip der abweichenden Wiederholung auf Dauer stellt, eröffnen sich schnell weitere Perspektiven.

Dass das Prinzip des Loops nicht nur für die Ebene der künstlerischen Produktion, sondern auch für die der Rezeption relevant ist, hat Diedrich Diederichsen betont, wenn er gerade das Nichtvorhersehbare im Loop hervorhebt, das auch die Frage nach dem Neuen und nach denkbaren Modi der Innovation nochmals neu (und zugleich auf längst bekannte Weise) aufwerfen kann: »Wer im Immergleichen des Loops etwas Neues erlebt, hat es mit einem viel härteren Neuen zu tun, als wer dies in einer Struktur erlebt, in der das Auftreten des Neuen vorgesehen ist, wie in der konventionellen Narration.«[3]

3 Diedrich Diederichsen, *Eigenblutdoping. Selbstverwertung, Künstlerromantik, Partizipation*. Köln: Kiepenheuer & Witsch 2008.

In Rahmen der Konferenz »Pop III: Akademisierung, Musealisierung, Retro«, die im Herbst 2014 am Internationalen Forschungszentrum Kulturwissenschaften in Wien stattfand, hat der Musikwissenschaftler, Journalist und Blogger Adam Harper gezeigt, wie fruchtbar es sein kann, das Prinzip des Loops auch auf die Popgeschichtsschreibung zu beziehen. Begreift man die glatten Oberflächen des Pastiche-Pop eines hochgradig irritierenden Künstlers wie Yen Tech nicht als möglicherweise letzte Schwundstufe der Popkultur, sondern als musikalisch wie historisch differente, aber strukturell analoge Wiederkehr jener Form der Popdekonstruktion, die Anfang der achtziger Jahre von einer Band wie Scritti Politti zelebriert wurde, lassen sich auch im Blick auf die Popgeschichte eben die Formen von Wiederholung mit Differenz beobachten, die auch das Prinzip des Loops ausmachen.

Dass es lohnt, diese Form der Geschichtsbetrachtung wiederum mit Fragen der Produktion, der Rezeption, der verfügbaren Technologien und der mit ihnen verbundenen Konzepte von Ästhetik zu verknüpfen, hat Adam Harper in seinem Buch *Infinite Music* gezeigt, das einen Zukunftsentwurf vorstellt, der nicht zuletzt auf das Nichtvorhersehbare des Loops setzt und das Potential für Innovation im Prinzip der Repetitivität entdeckt.[4]

Hauntology

Harpers Buch lässt sich insofern auch als Gegenentwurf zu den Ansätzen von Reynolds und Fisher lesen, mit denen er viele Prämissen teilt. Entscheidend dafür ist zunächst, dass er die Möglichkeit von Zukunft nicht in Frage stellt, sondern gleichsam aktiv an deren Ermöglichung arbeitet, im Sinne seines Untertitels *Imagining the Next Millenium of Human Music-Making*. Wichtiger noch ist aber, dass Zukunft hier weder vorhergesagt noch verabschiedet wird, sondern vielmehr im Modus eines Versprechens verbleibt, dessen Erfüllung nicht mit Sicherheit prognostiziert werden kann, das nicht als Programm abläuft, gleichwohl aber – oder gerade deshalb – auch schon in der Gegenwart wirksam sein kann.

In diesem Sinn hat Jacques Derrida in *Marx' Gespenster* in einem ganz anderen Zusammenhang, in seiner Auseinandersetzung mit dem vermeintlichen »Ende der Geschichte« und der allgemeinen Verabschiedung von Marx nach 1989, Zukunft als eine Form des Versprechens entwickelt, die in gleichsam programmierter Unvorhersehbarkeit unkontrollierbare Ambivalenzen freisetzt.[5] Im Sinne einer Hantologie, die eher wenig mit der im Französischen gleichklingenden Ontologie teilt, entwirft und entdeckt er die Figur eines wiederkehrenden Gespensts, das die Grenzziehung von An- und Abwesenheit ebenso aus den Fugen geraten lässt wie die überkommene Ordnung der Zeit. Auch, aber nicht nur im Blick auf

4 Adam Harper, *Infinite Music. Imagining the Next Millenium of Human Music-Making*. Winchester: Zero Books 2011.

5 Jacques Derrida, *Marx' Gespenster. Der verschuldete Staat, die Trauerarbeit und die neue Internationale*. Frankfurt: Fischer 1995.

Marx kommen auf diese Weise unvorhersehbare Irritationen in den Blick, die man, wie Derrida zeigt, gerade dann produktiv machen kann, wenn man sie – und die durch sie initiierten oder reproduzierten Wiederholungsschleifen – nicht stillzustellen versucht.

In dieser Hinsicht erscheint es durchaus konsequent, dass Harper in seinen Zukunftsentwürfen auch auf Derridas Konzept der »Hauntology« rekurriert, wenn er zeigen will, inwiefern neue wie alte Musik sich durch abweichende Wiederholungen konstituieren und dabei über einen »feedback loop« zugleich neue Formen des Hörens generieren kann. Harper bezieht sich aber nur indirekt auf Derrida, er schließt sich vielmehr einer weiter ausgreifenden, im Popdiskurs proliferierenden Diskussion zum Konzept der »Hauntology« an, die Mitte der 2000er Jahre durch Zeitschriftenartikel und Blog-Posts von Mark Fisher und Simon Reynolds angestoßen wurde.

Auf der Suche nach Beschreibungsmustern für die gespenstig-melancholischen Rhythmen und Sounds, für die digitalisierte Wiederkehr von längst vergangen geglaubtem Schallplattenknistern und anderen Reminiszenzen an ein analog verfasstes Popuniversum, die sie in der Musik von Acts wie Burial, auf dem zielführend betitelten Label Ghost Box oder auf Leyland Kirbys nicht minder einschlägig betiteltem Album *Sadly, The Future Is No Longer What It Was* entdeckten, kam Derridas zeitgleich auch in der Kunstszene kursierendes Konzept wie gerufen.

Und tatsächlich sehen Fisher wie Reynolds im Rekurs auf Derrida hier einen denkbaren Gegenpol zu dem von ihnen konstatierten allumfassenden Verschwinden der Zukunftsperspektiven. Die sich in dieser Hinsicht eröffnenden Möglichkeiten auch für die Geschichtsschreibung der Popmusik lassen sich allerdings nur dann weiterdenken, wenn man bereit ist, sich auf das Prinzip des Loops (oder die Figur des Gespensts) im Sinne einer Wiederholung mit Differenz einzulassen. Fisher und Reynolds tun dies, wie gezeigt, nicht. Welches Potential aber in den auch von ihnen skizzierten Überlegungen liegt, lässt sich an einem beeindruckend weit ausgreifenden, Popmusik, Film, Kunst und viele weitere Felder und Subfelder verknüpfenden Blog-Post von Adam Harper zum Stichwort »Hauntology« studieren, das vielleicht auch deshalb andere Akzente setzen kann, weil der im Vergleich viel jüngere, 1986 geborene Harper aufgrund seines Alters viele Zusammenhänge tatsächlich erstmals und damit neu entdecken kann.[6] Wenn der mehr als zwanzig Jahre ältere Reynolds schreibt, »in der Geschichte der Menschheit« hätte es bisher keine Gesellschaft gegeben, »die so von den kulturellen Artefakten *ihrer eigenen jüngsten Vergangenheit* besessen war« und die »Faszination für Moden, Trends, Sounds und Stars, die man noch lebhaft in Erinnerung hat«, als Problem darstellt, wird deutlich, dass er nicht nur ein Problem der gegenwärtigen Popkultur beschreibt, sondern zugleich und vielleicht in erster Line eines, das sich für ihn als Beobachter stellt.

Wenn dagegen der 1986 geborene Harper die Derrida- und Dekonstruktionsfaszination des 1982er Pops von Scritti Politti entdeckt, entdeckt er etwas Neues – im

6 rougesfoam.blogspot.it/2009/10/hauntology-past-inside-present.html

Unterschied zum älteren Kritiker, der das alles selbst schon einmal als Gegenwart erlebt hat, hat er zumindest die Chance, 1982 tatsächlich *neu* zu entdecken. Auch Reynolds verweist zwar auf »die sonderbare Nostalgie für die wundervollen Tage des ›Leben im Jetzt‹ ..., die man tatsächlich nicht *erlebt* hat«, verkürzt diesen bemerkenswerten Ansatz dann aber mit der Annahme, die 1960er Jahre seien durch eine »Nichtexistenz von Revivals und Nostalgie« geprägt und gingen auf »in ihrer völligen Fixiertheit auf die Gegenwart«.

Das kann man so nur annehmen, wenn man ausblendet, dass schon in den sechziger Jahren der Imperativ »Be Here Now« Gegenwartsfixierung mit Historisierung und Referentialisierung, mit Loops und Reloops, verbunden hat. Das passt jedoch nicht ins Bild, wenn man nicht nur die sechziger, sondern, wie Reynolds, auch die siebziger und Teile der achtziger Jahre der Popmusik mit Blick auf die »reine Kreativität ihrer aufwallenden Jahre« beschwören will. Was Reynolds in der Vergangenheit von Pop sucht und findet, sind »Wellen der ursprünglichen Produktion«, ist der »völlig originäre musikalische Einfall«, ist »künstlerische Authentizität«, sind, auf jeder der letzten Seiten des Buchs wiederholt und explizit gegen Verfahren der Repetition und Reproduktion gesetzt, »Originalität und Innovation«. Was Reynolds hingegen in der Gegenwart findet, ist eine »Rezession der Kreativität«, eine »Degradierung von Innovation«, ist das von den letzten Seiten auf das ganze Buch zurückstrahlende Horrorszenario einer gegenwärtigen »Recreativity«, die mit ihren Verfahren des Pastiche, des Zitats, der Wiederholung »unfruchtbar und parasitär« sei, »unfruchtbare und parasitäre Werke« hervorbringe und legitimiere: »Recreativity-Talk ist Propaganda zu Gunsten bewusster Minderleistung!«

Es ist nicht wirklich ersichtlich, wie es Reynolds vor diesem Hintergrund gelingt, seine Faszination für »Hauntology« aus Derridas Überlegungen zur differentiellen Wiederholung in *Marx' Gespenster* abzuleiten. Es fällt angesichts dieser abschließenden Positionierungen schwer, seine Thesen überhaupt mit einigen der grundlegenden Prinzipien und Verfahren von Pop zu verbinden. Die längst entschiedene Vision einer verschwundenen Zukunft und einer verschwundenen Gegenwart lässt nicht nur ein leichtes Desinteresse an der gegenwärtigen Gegenwart und eine tiefe Abneigung gegen die Postmoderne sichtbar werden, sie erweist sich auch als durchaus grundsätzliche Abneigung gegen vieles von dem, was man mit Andy Warhol, mit den Beatles, mit Roxy Music, aber auch mit der gegenwärtigen »Recreativity« – und nicht zuletzt im Blick auf das Subgenre der »Hauntology« und viele weitere aktuell aufregende, womöglich zukunftsweisende Neuentwicklungen – als Pop bezeichnen könnte.

Mit Dante und Diderot nach Digitalien

Wie viel will die Wissensgeschichte von sich selber wissen?

Von Valentin Groebner

In ordentlichen Zukunftsbeschwörungen steckt immer ziemlich viel Vergangenheit. Ist ja auch logisch, denn über das Neue muss in alten Begriffen und in Bezug auf Bekanntes geredet werden, sonst versteht es keiner. Unübersehbar wird das, wenn es um die Geschichte der vernetzten Computer geht. Die technischen Umbrüche der letzten fünfunddreißig Jahre in Sachen Information – der Aufstieg des Personalcomputers und seine Integration in ein allgegenwärtiges Netz digitaler Datenübertragung – werden für gewöhnlich als umstürzende Revolution behandelt, als radikal Neues, das mit der Vergangenheit kurzen Prozess macht. Aber beschrieben wird diese Revolution immer mithilfe von altem Zeug.

Gewöhnlich sind das ältere literarische Fantasien über zukünftige Welten, die Morgens von gestern sozusagen. Das »Surfen« und der »Cyberspace« etwa sind von dem Science-Fiction-Autor William Gibson Mitte der 1980er Jahre erfunden worden, lange bevor man das alles vor und auf Bildschirmen tun und sehen konnte. Die Begriffe »Overload« und »Prosumer«, die so perfekt auf die sozialen Netzwerke und den benutzergenerierten Content des Web 2.0 zu passen scheinen, hat Alvin Toffler 1973 populär gemacht. Noch ein paar Jahre früher trompetete Marshall McLuhan angesichts des Fotokopierers vergnügt, ab jetzt sei jeder Autor sein eigener Verleger. Thomas Alva Edison prophezeite 1912, Bücher seien in Zukunft ohnehin überflüssig, da alles menschliche Wissen durch Filme vermittelt werden würde. Und die Zukunftsvision von isolierten, in unterirdischen Einzelzellen lebenden Menschen, die nur durch ein allmächtiges zentrales elektrisches Kommunikationssystem miteinander in Kontakt treten können, hat sich der Schriftsteller E. M. Forster in seiner Erzählung *The Machine Stops* ausgedacht. Im Jahr 1909.

Jeder erfolgreiche technische Innovationsschub bringt also offenbar jede Menge neue Vergangenheit hervor. T. S. Eliot hat das 1919 in einem knappen Essay auf den Punkt gebracht.[1] Darin geht es allerdings nicht um Elektrotechnik, sondern um Gedichte. Jede umstürzende radikale Neuerung, schreibt er, ist nicht einfach ein Bruch mit der Vergangenheit. Sondern verändert diese Vergangenheit selbst. Denn die ist, wie es ein melancholisches russisches Sprichwort formuliert, eben unvorhersehbar.

Die wirklich wichtige Vergangenheit, könnte man sagen, ist immer diejenige der gerade aktuellen technischen Neuerung. 2013 verkündete der Journalist Dirk von Gehlen in seinem Buch *Eine neue Version ist verfügbar*, durch das Ablösen der Daten von ihren Trägern habe sich alles kulturelle Wissen in Software verwandelt: verflüssigt, interaktiv und – Prinzip Wikipedia – auf dauernde Veränderung

1 T. S. Eliot, *Tradition and the Individual Talent*. Zuerst in: *The Egoist* (1919), dann in: Ders., *The Sacred Wood*. New York: Knopf 1921.

durch ihre Benutzer ausgelegt.[2] Historische Vorläufer hatten er und seine Interviewpartner im Buch auch parat: Die heutige Situation sei nur vergleichbar mit der Medienrevolution in Italien am Beginn des 14. Jahrhunderts, der Entstehung der volkssprachlichen Literatur durch Dante, und Benjamins *Passagen*-Werk sei nichts anderes gewesen als ein Tumblelog, in dem jemand seine Fundstücke zusammengetragen habe. Der Computer als Knotenpunkt der Sozialkontakte ermögliche nun Schreiben und Lesen zusammen mit anderen – und Dirk von Gehlen ergänzte das um ein enthusiastisches Interview mit der Schriftstellerin Lydia Gharmann, die ihren Roman gerade live im Netz schreibe, um das Publikum an seiner Entstehung teilhaben zu lassen. Das gedruckte Buch, das wusste der Autor ganz genau, sei Sackgasse, Endstation. Von Lydia Gharmanns Online-Roman habe ich seither leider nie mehr etwas gehört.

Wesen der Tiefsee

Ein ungleich massiveres Stück Geschichtsschreibung des Neuen liefert der Historiker Peter Burke in seiner soeben erschienenen *Explosion des Wissens* – einem gut dreihundertseitigen Durchgang durch die Geschichte des Sammelns und Aufbereitens von Information von der Enzyklopädie bis, natürlich, Wikipedia.[3] Ihm gehe es um »Quantifizierung, Säkularisierung, Demokratisierung, Globalisierung, Technisierung«, schreibt Burke im Vorwort, und der Umbruch durch das Internet ist dabei Ziel und Ausgangspunkt in einem. Das Buch ist die Fortsetzung von Burkes 2001 auf Deutsch erschienener *Geburt der Wissensgesellschaft*, das die älteren Wissensordnungen von Gutenberg bis Diderot behandelte. »Höchst aktuell« sei diese umfassende Wissensgeschichte, weiß die Homepage seines Verlags, »ein fundamentaler Beitrag zu den entscheidenden Fragen der Gegenwart und Zukunft«.

Nun ist das mit der Aktualität so eine Sache. Gerade Burke ähnelt als Autor diesen erstaunlichen Wesen der Tiefsee, die sich von dem ernähren, was von all den vielen anderen Tieren in den Ozeanen zu ihnen heruntersinkt. Wenn eine Großidee erfolgreich die Nahrungskette der intellektuellen Debatte durchquert hat, vom ersten Entwurf in einem Zeitschriftenaufsatz bis zur Allgegenwart auf dem kleinen Planeten der Fachhistoriker – dann, ganz am Schluss, schreibt Peter Burke ein Buch darüber.

Er ist der Mann für den ganz großen Überblick über die ganz großen Themen: Er hat über das Konzept der Volkskultur geschrieben (1978), über Soziologie und Geschichte (1980), über historische Anthropologie (1987), über die Kultur der Renaissance (gleich dreimal: 1987, 1990 und 1998), über die französische Geschichtsforschung der »Annales« (1991), über Kulturgeschichte (zweimal: 1994 und 2004), über Bilder als historische Quellen (2001), über Übersetzungen (2006) und über »Cultural Hybridity« (2009). Wie die produktiven Wesen in der Tiefsee leuchtet Peter Burke im Dunkeln, glaube ich, weil seine Leselampe immer eingeschaltet ist.

2 Dirk von Gehlen, *Eine neue Version ist verfügbar. Wie die Digitalisierung Kunst und Kultur verändert*. Berlin: Metrolit 2013.

3 Peter Burke, *Die Explosion des Wissens. Von der Encyclopédie bis Wikipedia*. Berlin: Wagenbach 2014.

Seine *Explosion des Wissens* – das Verlagsprogramm trägt das Cover auf dem Titel, Überschrift: »500 Jahre Weltwissen« – bietet viele schöne Splitter. Die ständigen Platzprobleme in den unaufhaltsam wachsenden Archiven und Bibliotheken seit dem 19. Jahrhundert tauchen bei ihm ebenso auf wie die gewalttätigen Umstände, unter denen die großen Sammlungen außereuropäischer Kunstschätze und Manuskripte in London und Paris entstanden, als systematische koloniale Plünderungsaktionen. (Das Expeditionskorps Napoleons III. nach Mexiko wurde nicht nur von Archäologen begleitet, sondern – frühes *public-private partnership* – auch von Pariser Antiquitätenhändlern.) Er liefert auch Schlaglichter zur ungeschriebenen Geschichte des Gelehrten als Spion: Wissenschaftler verkleideten sich in den 1880er und frühen 1890er Jahren in London als jüdische Kleiderhändler und in sächsischen Textilfabriken als Arbeiter, um Informationen zu sammeln, und mehrere der Erforscher der Keilschrift hatten im Ersten Weltkrieg Jobs als Kryptografen. Populär konnten sie aber auch: Wissenschaftliche Vorträge waren im 19. Jahrhundert als multimediale Spektakel inszeniert, lange vor Powerpoint.

Aber immer dann, wenn es wirklich interessant und irritierend wird, bricht Burke ab und springt zum nächsten Thema. Denn er will alles über alles sagen – über das Sammeln und Speichern von Wissen, seine Verbreitung, Anwendung, Verwaltung und Klassifikation, von den großen Nachschlagewerken des 18. Jahrhunderts bis zu den vernetzten Kisten des World Wide Web. Deswegen hat er nicht viel Platz. Die Entstehung der Klassifikationssysteme von Texten, Bildern und Artefakten zum Beispiel, ihre Tücken, Lücken und ihre Ablösung durch Suchmaschinen ist ein riesengroßes, faszinierendes und vertracktes Thema. Burke behandelt es auf weniger als zwei Seiten und springt dann zum nächsten – keinem geringeren als »Entzifferung« (auch zwei Seiten). Der arme Autor kann weder irgendetwas weglassen noch ins Detail gehen, und das erzeugt beim Lesen ein eigenartiges Gefühl: im extrem beschleunigten Tiefflug über eine Steppe aus Namen und interessanten Fakten sausen. Die meisten würden einen sehr viel gründlicheren Blick verdienen, aber leider: schon vorbei.

Das ist schade, denn die Vermehrung der verfügbaren Informationen hat in den letzten zweihundert Jahren interessante neue Phänomene erzeugt: Was wird nicht mehr benutzt? Was kann wegfallen und gelöscht werden? Archivare werden seit dem 19. Jahrhundert (und bis heute) dafür bezahlt, dauernd große Mengen Papier wegzuwerfen. Welches alte Wissen enthält entscheidende neue, bislang übersehene Informationen? Der Umgang mit unübersehbar groß gewordenen Mengen an Information hält noch ein paar weitere Paradoxa bereit, nämlich die seiner Filterung und Kontrolle, also Geheimhaltung. Noch interessanter (und beunruhigender) ist ein Phänomen, das die meisten Computerbenutzer des 21. Jahrhunderts gut kennen, aber auch schon Bibliothekaren vor hundert und zweihundert Jahren vertraut war. Es ist das unbeabsichtigt unauffindbar gewordene Wissen, der Alptraum aller Architekten von Katalogisierungs- und Beschreibungssystemen. »Im Internet gehen riesige Mengen von Information Tag für Tag verloren«, schreibt Burke. Und wechselt nach diesem denkwürdigen

Satz (wer verliert da was genau?) wieder das Thema.

Wer darf als Experte auftreten? Von welchem Ort aus wird gesammelt, sortiert und geschrieben? Die großen Fragen zur Geschichte des Wissens, die seit fast dreißig Jahren auf der Tagesordnung stehen, kommen bei Burke durchaus vor. Wer sind die lokalen Helfer, Dolmetscher und Vermittler, die das Material überhaupt erst zugänglich machen? Burke zitiert den britischen Historiker Macaulay, der 1835 kaltschnäuzig konstatierte, »ein einziger Regalmeter einer guten europäischen Bibliothek wiegt die gesamte Literatur Indiens und Arabiens auf«. Aber die Kosten seiner eigenen selbstverständlichen Konzentration auf die angelsächsische Welt ignoriert er.

Über die nichtwestlichen Institutionen von Bildung und Wissen findet sich in diesem dickem Buch praktisch kein Wort. Die Abschnitte zur Ökonomie – zu Patenten, Copyrights und Unternehmen – sind lückenhaft, kurz und peinlich. Durch den zunehmenden Gebrauch von Laptops und durch das Internet, befindet Burke schließlich, verschwinde allmählich die traditionelle Unterscheidung zwischen der Peripherie und den Zentren des Wissens – das steht da wirklich so, gedruckt im Jahr 2012, dem Erscheinungsdatum des englischen Originals; als ob es *digital rights management* und die Debatten darum nie gegeben hätte. Manche Historiker mögen Unordnung. Und Umordnung. Peter Burke gehört nicht zu ihnen. Er betreibt die Wiederholung von Bekanntem, bis zur Selbstverständlichkeit verdünnt.

Das ist nicht nur deswegen ärgerlich, weil es wunderbare neue Bücher zur Geschichte des Wissens gibt, denen man die Vermittlung an ein deutschsprachiges Publikum heftig wünschen würde – Ann Blairs Geschichte der Verwaltung und Aufbereitung von gelehrtem Wissen bis ins 18. Jahrhundert, 2010 unter dem schönen Titel *Too Much to Know* erschienen, ist dabei nur ein Beispiel.[4] Offenbar ist es gar nicht so einfach, sich in den Rückkopplungseffekten zwischen vermeintlich historischen Umbrüchen der Gegenwart – was ist eigentlich genau das Historische am historischen Umbruch? – und dem Bedürfnis nach griffigen und möglichst weit zurückreichenden Vorgeschichten, nach Gründungshelden und Abrahams zurechtzufinden. Weil Wissen und seine Geschichte doch immer auch Besserwissen sein möchte.

Das Jetzt des Docuverse

Oder Untergangsgeschichte. Die wäre das genaue Gegenstück zur schwärmerischen Produktionseuphorie qua Vernetzung, die Dirk von Gehlen entwirft, und zum ebenso wolkigen Verweis auf die Aufklärung als (selbstkontrollierendes?) intellektuelles Kollektivunternehmen, mit dem Burke sein dickes Buch beschließt. Uwe Jochum, Bibliothekar und vielfach ausgewiesener Spezialist für die Geschichte der Bibliotheken, legt mit dem sorgfältig gestalteten kleinen Buch *Medienkörper* eine scharfe Kritik zeitgenössischer Lesegeräte vor.[5] Auch er argumen-

4 Ann M. Blair, *Too Much to Know. Managing Scholarly Information before The Modern Age*. New Haven: Yale University Press 2010.

5 Uwe Jochum, *Medienkörper. Wandmedien, Handmedien, Digitalia*. Göttingen: Wallstein 2014.

tiert historisch. Nur greift er nicht zu den Aufklärern, Gutenberg oder Dante, sondern sehr viel weiter zurück. Es seien die transportablen »Handmedien« gewesen, mit Schriftzeichen bedeckte Tontafeln, die vor etwas mehr als vier Jahrtausenden die Schriftträger in Bewegung versetzt hätten: Erst mit ihnen entstehen Archive, Bibliotheken, Erinnerungs- und Vergleichsmöglichkeiten.

Seither, so Jochum, heiße Schreiben nicht nur, gegenwärtige Zustände festzuhalten, sondern sie berechenbar zu machen und einzelnen Autoritäten zuzuschreiben. Weil sie transportabel sind, müssen solche Informationsspeicher jederzeit rekontextualisierbar sein. Jeder so präsentierte Text brauche einen »Index seines Ursprungs«, der für seine Authentizität einstehe – gewöhnlich den Namen des Autors. Seit dem Übergang von den antiken Schriftrollen zu den Codices der ersten nachchristlichen Jahrhunderte schafften diese in Bewegung gesetzten Texte einen Raum, der religiös definiert sei – geschrieben werde im Namen Gottes.

Genau die Eigenschaft also, die bei Dirk von Gehlen den Informationsträger Buch zur Sackgasse und Endstation macht – seine Unveränderbarkeit nämlich –, ist Jochum Bedingung seiner Wirkung: »Stauung der schriftlich fixierten Überlieferung«. Und die setzt Jochum mit so drastischen Begriffen wie möglich von den neuen »Digitalia« ab, die jeweils als Versprechen auf Anschluss an unüberschaubar große Mengen zeitgenössischen Wissens funktionierten. Wie von Gehlen stellt auch Jochum den Begriff der Verflüssigung ins Zentrum: Nur diesmal nicht als zukünftige Allgegenwärtigkeit und Leichtigkeit, sondern als unheilvolle *rip tide*, »die alles an sich zieht und medial alles integriert, um nichts mehr an seinem Platz zu belassen«.

Im »Jetzt« des *docuverse* schrumpfe »die kulturelle Tradition auf den Augenblick ihrer algorithmischen Zuspielung«, schreibt er; sie verliere ihre zeitliche und räumliche Tiefe und Fremdheit. Stattdessen »sehen wir, wie sich instantane hypertextuelle Oberflächen auf zahllosen Bildschirmen ausbreiten und im Unendlichen verlieren ... das heiter-vergnügte Surfen auf Informationswellen, die ohne eigene Autorität und Autorschaft ganz nach dem Geschmack eines beliebigen Jedermann geritten werden können«.

So kann der Bezug aufs alte Zeug auch klingen: Dort Bedeutung, Tradition und Tiefe, hier Oberfläche und promisker, flüchtiger Lustgewinn. Leider muss man eine Menge Wissensgeschichte zum Verschwinden bringen, um diesen Gegensatz einleuchtend zu finden. *Copy and paste*, für Jochum das Symptom digitaler Verantwortungslosigkeit schlechthin, ist ein ehrwürdig altes Verfahren, zum ersten Mal beschrieben von dem Arzt, Astrologen und *spin doctor* Girolamo Cardano in der Mitte des 16. Jahrhunderts. Wenn die Autorität von Texten verschwinde, klagt Jochum, verschwänden die Stimmen von Autoren, die den Texten ihre Autorität gäben: Das Überlieferte werde nicht mehr in seiner Integrität sorgsam bewahrt, sondern nach Belieben fragmentiert und rekombiniert, ohne dass man Rechenschaft über diese Vorgänge ablegen müsste.

Aber ist das wirklich typisch für Jochums »Digitalia«? Im 12. Jahrhundert hat Johannes von Salisbury seinen Gegnern vorgeworfen, sie läsen nur noch die Kompilationen und Zusammenfassungen und nicht die gelehrten Texte selbst. Sein chinesischer Kollege Zhu Xi beschwerte sich zur selben Zeit bitter, dass niemand mehr die klassischen Werke der Literatur in ihren originalen Fassungen gründlich studiere. Die »Schwärme neuer Bücher«, so Erasmus von Rotterdam 1526, hielten durch ihre schiere Masse die Jugend vom Studium der antiken Autoren ab, die allein wertvoll seien. Wie seine Humanistenkollegen fand aber Erasmus nichts dabei, eben diese antiken Autoren als Rohmaterial für seine eigenen geschliffenen Collagen und Montagen im Stil der Alten zu verwenden.[6]

Die Buchseite, lateinisch »pagina«, käme von »pagus«, dem heiligen Ort, zürnt Jochum. Leider sind Bücher aber nie heilige Orte gewesen. Ihre Inhalte waren in den letzten zwei Jahrtausenden übertragbar, elastisch und polymorph. Sie waren auch deswegen so wirksam, weil ziemlich hemmungslos aus ihnen abgeschrieben, verdreht, parodiert und plagiiert wurde. Vielleicht müssen sie deswegen so intensiv sakralisiert werden, weil sie, pardon, sich von fast jedem für fast alles haben benutzen lassen. Man muss kein Freund von Netzutopien sein, um von Jochums Beschreibung der digitalen Kanäle als »wolkenförmiger Nicht-Identität« und Todeszone für Eigentum und »Leiblichkeit«, in der sich alle Namen in einem »reinen Jetzt« ohne Vergangenheit auflösten, etwas befremdet zu sein. Am Schluss beschwört er einen »von Algorithmen gesteuerten insektenhaften Plan- und Überwachungsstaat« herauf, der sich anschicke, die Welt zu übernehmen. »Im Namen Gottes« – so die letzten Worte des Buchs.

Irdische Hardware

Im Reden über die Wissenswelten der Zukunft stecken eine ganze Menge alte Narrative, vor allem theologische. Wieso landet ein so umfassend belesener Bibliothekshistoriker wie Jochum angesichts von Smartphones und E-Books so umstandslos zuerst in der Eschatologie und dann beim Allerhöchsten? Er bemerkt zu Beginn selbst, das Buch habe sich seit dem 19. Jahrhundert in ein »industriell gefertigtes Massenprodukt ohne Aura« verwandelt; aber der Verlust von Verlust ist ja besonders schwer auszuhalten.

Die Geschichte des Wissens als Geschichte des Buchdrucks, der Aufklärung und des Aufstiegs der technischen Wissenschaften war im 20. Jahrhundert so etwas wie das ideenhistorische Hauptquartier der Säkularisierung. Es ist aber unklar, ob dort gerade jemand ans Telefon geht. Angesichts der emphatischen Selbstorganisationsfantasien der Vernetzungsgemeinde auf der einen Seite – alles wird gut, und alle Hierarchien zerbröckeln, wenn alle alles bloggen, kreativ und selbstbestimmt, 24 Stunden am Tag – und der düsteren Untergangsszenarien der Kulturpessimisten auf der anderen – ein gewaltiger Sog des digitalen Nichts aus »Medien des Ungeists« zerstört Authentizität und Leiblichkeit – wünscht man sich Studien über die konkreten Auswirkungen dieser Systeme auf reale Benutzer im Alltag.

Dann verwandelt sich die vermeintliche Beliebigkeit des Umgangs mit dem digitalen Wissen rasch in sehr handfeste

6 Vgl. Ann M. Blair, *Too Much to Know*; ebenso Nikolaus Wegmann, *Bücherlabyrinthe. Suchen und Finden im alexandrinischen Zeitalter*. Köln: Böhlau 2000.

Wünsche nach Zugehörigkeit, Aufmerksamkeit und Autor-Ich. (Auch Dirk von Gehlen wollte sein Manifest von der Verflüssigung aller Texte ja unbedingt als Papierbuch erscheinen lassen.) Nach 35 Jahren digitaler Wissensrevolutionen sieht es jedenfalls so aus, als ob schnelle elektronische Updates und dauerhaft auf Papier gedruckte Zeitschriften und Bücher einander gründlich kontaminiert haben. Die einen sind großartig für erste Entwürfe, Kritik und Diskussion, also für Unfertiges; die anderen für Resultate, für das verlässliche Zeug mit längerer Haltbarkeit. Und genau das findet sich ja auch am Ende jedes brauchbaren Wikipedia-Artikels: eine Bibliografie mit gedruckten Büchern und Artikeln aus Fachzeitschriften.

Die vermeintlich körperlos-verflüssigten Kanäle des Digitalen wiederum brauchen eine ganze Menge irdische Hardware, Stromnetze und gelegentlich bösartige Rechtsanwälte, um zu funktionieren. Es sind solche pragmatischen Mischformen, die den Umgang mit Wissen bestimmen, digitalem wie gedrucktem. Schlampige Verhältnisse also – echte, klebrige Geschichte. Wie bei den Raubdruckern, Aufschneidern und Abschreibern des 14., 16., 18. Jahrhunderts. Zum Beschwören zukünftiger Kommunikationsparadiese taugen die ebenso wenig wie für einen ordentlichen Weltuntergang.

Das Internet der Worte

Von Ted Striphas

Vor zehn Jahren landete eine merkwürdige Anfrage in meinen E-Mails. Die Nachricht war von meiner Schwester Anne, verschickt hatte sie ein Unternehmen namens Friendster, und ich wurde darin aufgefordert, mich dem Netzwerk von Annes Freunden anzuschließen. Minutenlang rätselte ich über diese Botschaft, um herauszufinden, worum genau sie mich bat. War das eine neue Peer-to-Peer-Datentauschbörse, so ähnlich wie Napster? Warum würde Anne wollen, dass ich, ihr Bruder, sie als Freund identifiziere? Wir standen uns nahe, aber nicht so nah. Und war ich nicht schon Teil ihres Netzwerks? Wir teilten schließlich die gleichen Eltern. Ich überlegte noch eine Weile hin und her, bevor ich auf »Löschen« klickte.

Mir begegnete der Ausdruck »soziales Netzwerk« zum ersten Mal Anfang 2006. Zwei Jahre später meldete ich mich bei Twitter an, nachdem ich kurz mit dem mittlerweile nicht mehr existierenden Mikroblog-Dienst Jaiku geliebäugelt hatte. Kurz darauf registrierte ich mich bei Facebook. 2009 war ich ein Profi im Umgang mit Freunden und Followern.

Zu jenem Zeitpunkt wirkte meine Verwirrung über Annes Friendster-Anfrage nur noch kurios. Die Technologie hatte sich weiterentwickelt – Myspace und Facebook wetteiferten um die Vorherrschaft –, die Sprache auch. Es wurde weiterhin darüber debattiert, ob es echte Freunde in sozialen Netzwerken gebe, aber der Streit war längst nicht mehr so heftig wie noch ein paar Jahre zuvor. Während dieser Zeit verwandelte sich »friend« in ein Verb, wie das bereits bei »googeln« geschehen war. Ich konnte mir ein Lächeln nicht verkneifen, als die Partnerin eines Kollegen, die neu auf Facebook war, mir mitteilte, ich würde mich hoffentlich mit ihr »anfreunden«. Das Wort mutete vorsintflutlich an.

Das Internet von heute sieht ganz anders aus als 2004, als der 19-jährige Mark Zuckerberg Thefacebook vorstellte. Youtube wurde erst ein Jahr später ins Leben gerufen, und Twitter im Jahr darauf – ganz zu schweigen vom I-Phone, das Mitte 2007 herauskam, oder dem Amazon Kindle, der zum Jahresende 2007 erhältlich war. Das I-Pad kam 2010, ungefähr zur gleichen Zeit wie Instagram und Pinterest. Es war das Jahr, in dem Chris Anderson im Magazin *Wired* das World Wide Web für tot erklärte.[1] Todesursache? Das rasante Wachstum von Apps hat, so Anderson, Webseiten und Browser obsolet gemacht. Das Web war noch keine zwanzig Jahre alt. Da hatten ja sogar die Printmedien länger durchgehalten.

Auch die Sprache sieht mittlerweile ganz anders aus, sie wurde im Zuge dieser technologischen Veränderungen verbogen, gebrochen und gedehnt. Bis vor kurzem waren »Clouds« im Englischen eine Ansammlung von Wassermolekülen in der Atmosphäre. Heute sind das Orte, an denen riesige Bestände digitaler Daten gelagert werden. Ich erinnere mich an eine Zeit, als »Plattformen« ganz ordinäre Flächen waren, auf denen man stehen konnte. Nun sind sie komplexe Systeme, für die Entwickler reihenweise Hightechprodukte und Dienste erstellen. Wörter wie »Algorithmus«, die früher nur in der Welt der Geeks geläufig waren, sind im Mainstream angekommen. Und die unterschiedlichen Verwendungen verschwimmen. Als ich in einem Restaurant Essen bestellte, stellte sich der Kellner als »Server« vor und meinte, er würde »die Apps gleich bringen«. Ich war erstaunt. Hatte ich mir von dem Typen gerade eine Mahlzeit runtergeladen?[2]

Veränderungen der Sprache sind genauso Teil der Technologiegeschichte wie innovative neue Produkte, riskante Fusionen und Übernahmen und charismatische Unternehmenschefs. Sie legen Zeugnis darüber ab, wie neue technologische Wirklichkeiten entstehen, zugleich bringen sie diese mit auf den Weg. Facebook wäre nie auf mehr als eine Milliarde Nutzer gekommen, wenn es da nicht wenigstens ein paar überzeugende Funktionen gäbe. Und wenn Leute wie ich nach einer kurzen Eingewöhnungsphase nicht mit der neuen Semantik der Freundschaft zurechtkommen würden.

Wäre er noch am Leben, hätte der Kulturtheoretiker Raymond Williams »Freund«, »Cloud«, »Plattform«, »Algorithmus«, »Server« und »App« wohl zu den »Schlüsselwörtern« der Gegenwart gezählt – zu den Begriffsfeldern, an deren Bedeutungsverschiebungen besonders »aktive und akute« soziale Veränderungen abzulesen sind.[3] Schlüsselwörter zeigen, wie sehr die Geschichte der Technologie eine menschliche ist und nicht nur auf dem Kalkül von

1 Chris Anderson/Martin Wolff, *The Web Is Dead. Long Live the Internet*. In: *Wired* vom 17. August 2010.

2 »Apps« ist eine umgangssprachliche Kurzform von »appetizers«: Vorspeisen.

3 Raymond Williams, *Marxism and Literature*. Oxford University Press 1977.

Wissenschaft und Ingenieurswesen, sondern auch auf dem Tohuwabohu der Alltagssprache beruht.

Selbstdarstellungen

Es wurde viel über soziale Medien spekuliert und darüber, was sie mit uns individuell und kollektiv anstellen. Erst jetzt zeichnen sich jedoch die Umrisse einer neuen Generation von Autoren ab, die mit ethnografischen Methoden eingehend untersuchen, wie soziale Medien und andere digitale Werkzeuge genutzt werden. Alice E. Marwick und danah boyd gehören zu den besten Exegeten der technologischen Veränderungen, die wir durchleben.[4] Sie weisen darauf hin, dass das erste Jahrzehnt des 21. Jahrhunderts eine Zeit war, in der es nach der Dotcom-Krise dank der sozialen Medien zu einem Reboot der Technologieindustrie kam. Und sie halten fest, wie Leute sich in einer Welt zurechtfinden, die schwindelerregende Möglichkeiten der Selbstdarstellung und Online-Interaktion bietet. Dabei gelingt es ihnen, ein paar der mit den jüngsten technologischen Veränderungen verbundenen Ängste zu zerstreuen. Sie widersprechen besorgten Eltern, vorlauten Jugendlichen, voreiligen Journalisten, ambitionierten Berühmtheiten, erwartungsfrohen Unternehmern und all den anderen, die einfach davon ausgehen, soziale Medien seien entweder ein Freifahrtschein ins Glück oder ein Expressfahrstuhl in die Hölle.

Marwick und boyd richten ihre Aufmerksamkeit vor allem auf den von ihnen so bezeichneten »Kontextkollaps«. Damit sind Vorfälle gemeint, in denen unterschiedliche soziale Welten online aufeinanderprallen und ein ziemliches Drama verursachen. Man denke nur an Lehrer, die entlassen wurden, weil sie Fotos posteten, auf denen man sie betrunken auf Partys sah. Beeindruckend ist die Zurückhaltung der beiden Autorinnen; sie weigern sich, Nutzer von sozialen Medien, denen ein Missgeschick unterlaufen ist, an den Pranger zu stellen. Diese Nutzer verdienen keine Häme, sondern Mitgefühl und Aufklärung, während sie sich durch das Dickicht von Privatsphäre-Einstellungen, Hardware- und Softwarefunktionen, communityspezifischen Normen, beruflicher Verantwortung, den Erwartungen der Eltern und vielem mehr schlagen.

Beide Bücher erinnern an Erving Goffmans 1959 in den USA erschienenen soziologischen Klassiker *Wir alle spielen Theater*.[5] Goffman hegte Zweifel an der Vorstellung, dass nur Personen mit einem einzigen, unter allen Umständen authentisch gleichen Selbst gute Menschen seien. Integrität sei ein unmögliches Ideal. Je nachdem, mit wem wir interagieren und vor welcher Kulisse die Interaktion stattfindet, kommen verschiedene Facetten unserer Identität zum Vorschein. Geständen wir uns ein, dass wir die ganze Zeit mit konkurrierenden Eindrücken von uns selbst fertig werden müssen, ersparten wir uns eine Menge psychologischer Angst.

4 Alice E. Marwick, *Status Update. Celebrity, Publicity, and Branding in the Social Media Age*. New Haven: Yale University Press 2013; danah boyd, *It's Complicated. The Social Lives of Networked Teens*. New Haven: Yale University Press 2014.

5 Erving Goffman, *Wir alle spielen Theater. Die Selbstdarstellung im Alltag*. München: Piper 1983.

Marwick und boyd argumentieren ähnlich. Online ist man doppelgesichtig; das ist nun mal so. Daran sind nicht die sozialen Medien Schuld, auch wenn sie dafür sorgen, dass soziale Netzwerke, die bisher nichts miteinander zu tun hatten, sich überlagern und Strategien der Selbstdarstellung dadurch noch deutlicher hervortreten.

Eine weitere Referenz ist *No Sense of Place*, das bahnbrechende Buch des Medientheoretikers Joshua Meyrowitz.[6] Marwick und boyd haben ein ähnliches Gespür dafür, wie neue Medien die Zugangsmuster zu sozialen Informationen ändern. Meyrowitz konnte 1986 zeigen, wie das Fernsehen Kindern nie dagewesene Einblicke in Erwachsenenwelten gewährt und, indem es die Geheimnisse der Erwachsenen aufdeckt, Hierarchien einebnet. Heute drehen Eltern, Erzieher und Polizeibeamte den Spieß um und stellen ihre Autorität mithilfe der neugierigen Blicke der sozialen Medien wieder her.

Die Gemeinsamkeiten von *Status Update* und *It's Complicated* sind offensichtlich. Marwick und boyd sind befreundet, sie arbeiten regelmäßig zusammen, in den Danksagungen äußert man sich anerkennend übereinander. Ihre Verbindung schafft eine lebhafte Kontinuität zwischen beiden Werken, obwohl sich das eine auf Angestellte im Technologiesektor der San Francisco Bay Area konzentriert und das andere auf junge Menschen aus dem ganzen Land.

6 Joshua Meyrowitz, *No Sense of Place. The Impact of the Electronic Media on Social Behavior*. Oxford University Press 1986.

Schlüsselwörter

Weder Marwick noch boyd erwähnen Raymond Williams, »Schlüsselwörter« stehen bei ihnen nicht auf dem Programm. Dennoch sind Worte in beiden Büchern die eigentlichen Hauptdarsteller, da sie in beinahe alle Konflikte, Irrungen und Kontroversen, zu denen soziale Medien Anlass gaben, verwickelt sind.

Marwicks Buch deutet das schon im Titel an. Auf den ersten Blick bezeichnet *Status update* den Akt, andere Kontaktpersonen über soziale Medien wissen zu lassen, was man so macht. Allerdings sind es nicht nur die Kontakte, die auf den neuesten Stand gebracht werden. Jetzt, da Leute fast jeden Aspekt ihres Lebens bekanntgeben können, muss auch die Bedeutung des Wortes »Status« aktualisiert werden. Raymond Williams erkannte diese Veränderungen lange vor dem Durchbruch der sozialen Medien. Sein Kompendium *Keywords: A Vocabulary of Culture and Society* erschien 1976 und enthielt einen Eintrag zum Thema »Status«. Für Williams war der Begriff ein Synonym für Hierarchie, wenn auch ein etwas kleinmütiges Synonym, das um das stärker aufgeladene Wort »Klasse« herumschleicht.

Aber Williams konnte keinen Zusammenhang herstellen zwischen dieser Bedeutung und »Status« im Sinne eines Zustands, der sich allgemein auf die Situation von jemandem oder etwas bezieht. Diesen Zusammenhang stellt Marwick auf beeindruckende Weise her. In einer Welt der Status-Updates sind Zustandsbeschreibungen gängige Münze. Wenn man sie sorgsam anlegt, werfen sie, so Marwick, Erträge in Form von »Statussignalen« ab: Likes, Geteiltwerden, Retweets, Zustimmung, Connections, Kommentare, Klout Scores, Internet Karma, Freunde, Follower und andere Reputationsindikatoren.

Natürlich liegt die Sache nicht ganz so einfach. Ausführlich geht Marwick auf die egalitären und meritokratischen Mythen ein, die unter den frühen Architekten des Internets weit verbreitet waren und noch heute im Silicon Valley geläufig sind, und zeigt, dass es sich dabei vor allem um eins handelt: Mythen. Status erwächst nicht aus harter Arbeit und schon gar nicht aus der strategischen Planung der eigenen Status-Updates. Was zählt, ist die »richtige Art von Status«, wie Marwick feststellt. Zumindest im Silicon Valley ist es ratsamer, ein Unternehmer zu sein als eine Internetberühmtheit oder ein Groupie. Es ist die Unterscheidung zwischen vererbtem Wohlstand und Neureichen, angepasst auf das Zeitalter der sozialen Medien. Und mit diesem Befund schließt Marwick an Williams' Behauptung an, dass es bei Status um Klassenunterschiede geht. Nur dass der Status das nie zugeben würde.

»Marke«, »Celebrity«, »Authentizität«: Marwicks *Status Update* ist randvoll mit solchen Schlüsselwort-Kandidaten. Das gilt auch für die aus einem Wort bestehenden Kapitelüberschriften in boyds Buch: »Identität«, »Privatsphäre«, »Sucht«, »Gefahr«, »Mobbing«, »Ungleichheit« und »Kompetenz«. Wie Jugendliche soziale Medien nutzen, das ist in der Tat ein komplizierter Mix, aber die Komplikationen entstehen nicht einfach aus der Verbindung von Technologie und Adoleszenz. Eine weitere Zutat – Worte – muss vorhanden sein. Und nicht irgendwelche Worte, sondern Worte, in denen sich bewährte und neu aufkommende Bedeutungen ineinander verknäulen.

Blicken wir auf das Wort »Privatsphäre«, oder eher auf die Behauptung, dass junge Menschen diese in ihrer vorschnellen Begeisterung für soziale Medien aufgegeben hätten. Aber haben sie das wirklich? boyd erinnert daran, dass Jugendliche schon eine ganze Weile versuchen, sich Zugang zum öffentlichen Leben zu verschaffen. Früher suchte man Eisdielen und Einkaufszentren auf, heute eben Facebook und Konsorten. Das sind oft die ersten Aneignungsgesten Jugendlicher in einer Gesellschaft, die sie eines Tages übernehmen werden.

Aber boyd ruft auch in Erinnerung, dass in den USA seit den siebziger Jahren Sperrstunden, der eingeschränkte Zugang zu öffentlichen Einrichtungen und die Ausbreitung von abgeschotteten, an Einbahnstraßen gelegenen Nachbarschaften dazu beigetragen haben, dass Kinder zuhause bleiben. Ihre Eltern haben in ihrer Jugend wahrscheinlich mehr Freiheit genossen, aber viele betrachten die Welt mittlerweile als einen gefährlichen Ort. Das ist kaum verwunderlich, sind diese Eltern doch mit dem Bild des sechsjährigen Etan Patz und anderer vermisster Kinder auf Milchtüten aufgewachsen. Entgegen anderslautender Behauptungen sind Jugendliche heutzutage gezwungen, ein zutiefst privates Leben zu führen.

Sie kompensieren das, indem sie scharenweise in die sozialen Medien strömen. Man sollte allerdings, so wendet boyd ein, »In-der-Öffentlichkeit-Sein« nicht mit »Öffentlich-Sein« verwechseln. Jugendliche machen gescheiteren Gebrauch von Privatsphäre-Einstellungen, als ihnen allgemein zugetraut wird. In den achtziger

Jahren hätten sie in der Gegenwart von Autoritätsfiguren das Gesprächsthema gewechselt, jetzt steht ihnen ein ganzes Repertoire an Techniken zur Verfügung, um gegen unerwünschtes Online-Lauschen vorzugehen. Die »soziale Steganografie« zum Beispiel ist eine Form der Doppelzüngigkeit, auf die Jugendliche zurückgreifen, um geheime Nachrichten unter dem Deckmantel vermeintlich öffentlicher Status-Updates hin und her zu schmuggeln. (Möglicherweise ist dies das einzige Problem mit boyds Buch: dass Autoritätsfiguren es benutzen, um diesen Code zu knacken.) Hier wird die Privatsphäre buchstäblich umgestülpt.

Eine durchaus passende Ergänzung zum Eintrag »privat« in den *Keywords*. Dort sah Williams, dass die Definition »aus dem öffentlichen Leben zurückgezogen« auf dem besten Weg war, obsolet zu werden. »Unabhängigkeit« und »Intimität« waren wichtigere Bedeutungsaspekte des Wortes – obwohl boyd einer weiteren Idee, »Agency«, den Vorzug gibt. boyds Informanten scheinen so oder so die neue Semantik der Privatsphäre zumindest auf der praktischen Ebene besser zu begreifen als Erwachsene. Die Privatsphäre sieht vielleicht tot aus, wenn man sie als ein Problem von Verortung betrachtet. Behält man jedoch ihre Schlüsselmerkmale im Blick, merkt man, wie lebendig sie ist.

W's^???

Wenn schon Standarddefinitionen mit den praktischen Aspekten der Privatsphäre im Zeitalter der sozialen Medien nicht Schritt halten konnten, dann gilt das umso mehr für Wörterbücher – die Orte, an denen Definitionen abgesegnet und gelagert werden. Natürlich ändern sich Wörterbücher ständig und sind demzufolge Artefakte einer lebendigen Sprache. Trotzdem hat man das Gefühl, sie kommen zu spät. Merriam-Webster nahm Anfang 2014 die folgenden Wörter in sein Verzeichnis auf: »Hashtag«, »Selfie«, »Big Data«, »Social Networking«. Keines davon kann man als wirklich neu bezeichnen. Wörterbücher sind immer schon veraltet.

Aber wie steht es um den eher intuitiven Wortsinn – den man in etwa versteht, ohne ihn vollständig zu durchdringen? Ein Verdienst der Bücher von Marwick und boyd besteht in der Erkenntnis, dass Veränderungen nicht erst in die Sprache Eingang finden, nachdem sich der Staub der Geschichte offiziell gelegt hat. Neuer Sinn und neue Bedeutungen müssen funktional verfügbar sein, wenn neue Technologien zum Einsatz kommen, sonst wären diese Technologien für Nutzer nicht zu verstehen oder würden mit anderen Dingen verwechselt.

»Computer« und »Rechner« bezeichneten einst Menschen, die mathematische Operationen ausführten. (Während Computer heute vor allem mit Männern und männlichem Ingenieurwesen assoziiert werden, handelte es sich bei jenen Menschen um Frauen, wie man bei der Kulturtheoretikern Anna Balsamo nachlesen kann.) In den frühen siebziger Jahren wurden »Computer«, also Maschinen, gelegentlich als »Rechner« beworben. Als die siebziger Jahre zu Ende gingen, waren die beiden Begriffe nicht mehr synonym. Man muss sich nur mal vorstellen, wie es wäre, jemandem aus den vierziger Jahren des letzten Jahrhunderts zu erklären, dass Computer tragbare Geräte mit nanometergroßen Transistoren in ihrem

Inneren seien, mit denen man einkaufen, Flappy Bird spielen und schnurlos telefonieren könne. Es gibt keinen Grund zu glauben, dass die semantischen Veränderungen, die wir miterleben, weniger tiefgreifend sind. Wörter sind ein wichtiger Bestandteil des gegenwärtigen Dramas der sozialen Medien.

Zu diesem Wort: »Drama«. Es taucht wiederholt in *Status Update* und *It's Complicated* auf. »Dramatisch« taucht auch bei den *Keywords* auf. Williams zeichnete die Migration des Wortes aus den Künsten in den Alltag nach. W's^??? (Für alle, die in der Kurznachrichtensprache txt nicht so bewandert sind: Es steht für »What's up?« Txt ist der allgegenwärtige Bürger zweiter Klasse im englischen Sprachgebrauch, der von den meisten etablierten Wörterbüchern ausgeschlossen wird. Vielleicht erfährt er eines Tages eine Aufwertung.)

Das *Oxford English Dictionary* schafft hier kaum Abhilfe. Die ersten drei Einträge beziehen sich auf das Theater. Der vierte umfasst ein etwas weiteres Feld: »dramatische Eigenschaft oder dramatischer Effekt; Buntscheckigkeit; Erregung«. Es ist bemerkenswert, dass die Einträge 4, 5 und 6 als vorläufige Zusätze aufgelistet sind, wobei der erste aus dem Jahr 1993 und der letzte von 2006 stammt. Das *OED* konnte sich in der Tat nicht ganz dazu durchringen, die Existenz von »Drama Queens« anzuerkennen; der Eintrag steht seit fast zehn Jahren unter Vorbehalt.

Es ist ja nicht so, dass »Drama« etwas anderes bedeutet als »dramatische Eigenschaft oder dramatischer Effekt«. Marwick und boyd verwenden den Begriff ungefähr in diesem Sinn und meinen damit all die Anschuldigungen, Beschimpfungen, Verunglimpfungen und Gerüchte im Internet. Neu sind vielleicht die Protagonisten in diesem Drama. »Was [online] hochkocht«, so boyd, »ist unweigerlich etwas, das durch Klicks, Kommentare und Likes bereits enorme Aufmerksamkeit auf sich gezogen hat.« Um »die Aufmerksamkeit zu maximieren«, erstellen Social-Media-Unternehmen »Algorithmen, die den Buschfunk perfektionieren«. Mit anderen Worten: Menschen machen Drama, aber sie sind nicht die einzigen, die dabei mitmischen. Algorithmen sind mit von der Partie. Sie sind das elektronische Gegenstück zu den Drama Queens. Aufgepasst, *OED*: Hier kommen die Drama-Maschinen.

Yo

Vor einigen Wochen schickte ich ein paar Yo-Anfragen an Freunde in den sozialen Medien. Yo könnte ohne weiteres als die *reductio ad absurdum* der Nachrichten-Apps durchgehen. Mit Yo kann man aus genau zwei Zeichen bestehende Kommuniqués – Yo – an all seine Kontakte versenden. Einzutippen braucht man dabei nichts. Plötzlich ist Twitter mit seinen 140 Zeichen zur Langform geworden – von der SMS ganz zu schweigen, mit 160 Zeichen gehört sie praktisch in den Bereich der epischen Dichtung. Keiner meiner Freunde hat sich bei Yo angemeldet. Einer von ihnen dachte fälschlicherweise, man habe mein Benutzerkonto gehackt.

Es könnte sein, dass ihr Nein zu Yo mit Ermüdungserscheinungen sozialen Netzwerken gegenüber zu tun hat. Kritiker spotteten über Yo und nannten es eine »Modeerscheinung«, »nervig«, sie stellten in Frage, ob damit überhaupt richtige Kommunikation möglich sei. Aber das geht am Kern der Sache vorbei. Bei Yo geht es nicht darum, was kommuniziert wird. Es geht eher darum, dass zwei Leute überhaupt interagieren.

Dieses vom Technologiehistoriker James W. Carey als »rituell« bezeichnete Kommunikationsverständnis unterstreicht, wie Interaktionen – egal welchen Inhalts – mithilfe von Wörtern und Symbolen soziale Bindungen bekräftigen können. Es erklärt, warum wir Freunde im Vorbeigehen mit einem unverbindlichen »Wie geht's?« begrüßen und keine Antwort darauf erwarten. Umgekehrt verfällt man in totale Panik, wenn man systematisch ignoriert wird. Das rituelle Kommunikationsverständnis fiel Ende des 19. Jahrhunderts in Ungnade, zu einem Zeitpunkt, als sich mit den elektronischen Medien die Vorstellung verbreitete, »Kommunikation« sei die räumliche Übermittlung sinnvoller Nachrichten.

Ist das ganze Lamento über Yo ein Anzeichen dafür, dass sich der Kreis langsam schließt? Neue Technologien sind disruptiv, aber sie sind nicht die disruptive Kraft sondergleichen, für die wir sie halten sollen. Zu vielen der radikalen Umbrüche, die man neuen Technologien zuschreibt, kommt es erst, wenn diese in einen Zusammenhang mit sich bereits vollziehenden sprachlichen Verschiebungen eintreten und dadurch Reibung entsteht. Soziale Medien haben die Bedeutung von Begriffen wie »Status« und »Privatsphäre« nicht verändert. Diese Bedeutungen unterlagen bereits einem Wandel. Soziale Medien haben lediglich dazu beigetragen, diese Veränderungen sichtbarer zu machen und sie möglicherweise zu beschleunigen. Aus diesem Grund bezeichnete Williams Wörter als »Bestandteile von … Problemen«. Wie auch Marwick und boyd erkannte er, dass die Umgangssprache ein genauso starker Motor des Wandels ist wie die Technologie.

Aus dem Englischen von Danilo Scholz

Das Internet als militärisches System

Von Günter Hack

Im Internet geht es nicht immer zivil zu. Das gilt besonders für die Debatte über seine Entstehung. In jüngster Zeit werden im politischen Diskurs die militärischen Aspekte der Herkunft des Systems besonders stark betont; die von Edward Snowden ausgelöste NSA-Affäre hat den Blick auf das Netz verändert. Wurde es seit den neunziger Jahren zuvorderst als Mediensystem oder Handelsplattform betrachtet, tritt nun sein Charakter als militärisches Kontrollwerkzeug hervor. Ein prominenter Vertreter dieser Sichtweise ist der russische Präsident Wladimir Putin. Anlässlich einer Fragestunde am 24. April 2014 in Sankt Petersburg legte er auf eine Frage des russischen Bloggers Viktor Levanov seine Sicht der Dinge dar: »Sie wissen, dass das Internet zuerst ein Sonderprojekt der CIA gewesen ist. Und genau so entwickelt es sich auch. Ein Teil davon hat es auf den Markt geschafft und ist riesig geworden. Nichtsdestotrotz ist es ursprünglich ein militärisches Programm, ein Sonderprogramm, und die Geheimdienste sitzen nach wie vor in dessen Zentrum.«[1]

Das Netz als militärisches Dispositiv hinzustellen, legitimiert freilich entsprechende Abwehr- und Kontrollmaßnahmen dagegen und rechtfertigt wirtschaftlichen Protektionismus. Ein Mediensystem nach chinesischer Art zu blockieren, sieht nach Zensur aus und gibt Minuspunkte. Ein feindliches Militärspionagesystem auszuschalten, ist dagegen immer legitim. Putin etwa verwies darauf, dass die eigenen Dienste der NSA bereits entsprechende Maßnahmen entgegensetzen würden, auch seien die russischen Internetfirmen wie die Suchmaschine Yandex dabei, ihre Dienste zu verbessern, sodass heimische Nutzer US-Unternehmen wie Google nun nicht mehr ihre persönlichen Daten ausliefern müssten.

Ob das Netz in der Öffentlichkeit überwiegend als neutrale Infrastruktur oder als militärisches System wahrgenommen wird, ist ein Politikum von hoher Relevanz. Zumal Wladimir Putins Ansicht, das Internet sei ein militärisches System, durchaus auch im westlichen Medien-Mainstream wiederzufinden ist. So ist die Geschichte, das Internet sei vom US-Militär dazu erfunden worden, im Fall eines Atomkriegs für sichere Kommunikation zu sorgen, auch heute noch weit verbreitet.

Der amerikanische Schriftsteller Bruce Sterling hat seinen Teil dazu beigetragen. Er veröffentlichte im Februar 1993 im *Magazine of Fantasy and Science Fiction* eine *Short History of the Internet*, die schon früh zur kostenlosen Lektüre ins Netz gestellt wurde und entsprechend weite Verbreitung

1 *Kremlin.ru: Media Forum of Independent Local and Regional Media* vom 24. April 2014 (eng.kremlin.ru/transcripts/7075).

fand.[2] Gleich zu Beginn dieses Texts schreibt Sterling den intellektuellen Startimpuls zur Entwicklung des Internet dem Militär zu. Die US Air Force habe dem Thinktank Rand Corporation den Auftrag gegeben, darüber nachzudenken, wie ein Telefonsystem aussehen könnte, das auch nach einem Angriff mit Atomwaffen nicht vollständig ausfallen würde. Der Informatiker Paul Baran habe 1964 als Antwort darauf einen Bericht vorgelegt, in dem er das Prinzip der dezentral organisierten paketvermittelten Datenübertragung skizzierte, das bis heute die konzeptionelle Grundlage des Netzes darstellt.

Barans Verdienste für das Netz sind groß, jedoch gilt, was er selbst 2001 festgestellt hat: »Das Internet ist das Werk von Tausenden von Menschen … Wenn man nicht aufpasst und die Arbeit der anderen nicht achtet, kann man sich selbst täuschen und glauben, der Erbauer zu sein.«[3] So forschte nicht nur Baran in der ersten Hälfte der sechziger Jahre an der paketvermittelten Kommunikation, zur gleichen Zeit kamen auch Donald Watts Davies am britischen National Physical Laboratory und Leonard »Len« Kleinrock am Massachusetts Institute of Technology auf ähnliche Ideen. Erst 1967 bot sich die Gelegenheit, die Ansätze untereinander abzugleichen und fruchtbar zu machen. Zumindest Davies arbeitete dabei außerhalb des militärisch-industriellen Komplexes der Vereinigten Staaten.

Von ARPA zu DARPA (und zurück)

Den Atomblitz als Schöpfungsmoment des Internet zu nehmen, ist zwar als quasiprometheischer Mythos attraktiv, unterschlägt aber zu viel historische Substanz, um als ernsthaftes politisches Argument akzeptiert werden zu können. So erwähnt Sterling in seinem Artikel ausgerechnet die Forschungs- und Entwicklungsagentur, die das erste paketvermittelte Netzwerk schließlich plante und finanzierte, nur ganz am Rande. Dabei hätte die Advanced Research Projects Agency (ARPA) zumindest oberflächlich betrachtet ganz gut in seine Erzählung gepasst, schließlich war sie am 7. Februar 1958 unter der Ägide von Präsident Dwight D. Eisenhower gegründet worden, um unter dem Eindruck des »Sputnik-Schocks« die militärische Hochtechnologieforschung der Vereinigten Staaten zu bündeln. Es scheint so einfach zu sein: Die ARPA war und ist eine Institution des Verteidigungsministeriums, also muss das Internet eine militärische Erfindung sein.

Ein 1975 erschienener historischer Abriss über die *ARPA*, erstellt von der Beratungsfirma Richard J. Barber Associates im Auftrag der Organisation selbst, zeichnet dagegen ein anderes, differenziertes Bild.[4] Demnach verdankt die ARPA ihre Existenz der Tatsache, dass Eisenhower

2 Bruce Sterling, *INTERNET aka A Short History of the Internet*. In: *The Magazine of Fantasy and Science Fiction*, Februar 1993 (w2.eff.org/Net_culture/internet_sterling.history.txt).

3 Detlef Borchers, *»Es war die einzige Lösung, die ich denken konnte« – zum Tode von Paul Baran*. In: *Heise Online* vom 28. März 2011 (www.heise.de/newsticker/meldung/Es-war-die-einzige-Loesung-die-ich-denken-konnte-zum-Tode-von-Paul-Baran-1216390.html).

4 Barber (Richard J.) Associates, *The Advanced Research Projects Agency, 1958–1974*. Washington DC 1975.

den von Eigeninteressen getriebenen Führungen der Teilstreitkräfte sehr stark misstraute – Army, Navy und Air Force versuchten, sich im Kontext der nuklearen Aufrüstung möglichst große Einflussbereiche und Budgets zu sichern. Die ARPA sollte von ihnen unabhängig sein, Innovationen außerhalb des bestehenden Systems fördern und die finanziellen Mittel gezielt projektgebunden einsetzen. Ihr Auftrag, festgelegt in der Anordnung 5105.15 des Verteidigungsministeriums, war vage gefasst. Es solle eine »Agentur für die Leitung und Durchführung gewisser hochstehender Forschungs- und Entwicklungsprojekte« gegründet werden, heißt es dort. Der Leiter der Agentur war direkt dem Verteidigungsminister unterstellt. Zudem durfte sie direkt Projekte an Privatfirmen und Universitäten vergeben, an den bestehenden Forschungs- und Entwicklungsapparaten der Streitkräfte vorbei.

Der erste ARPA-Direktor Roy W. Johnson kam dann auch nicht aus dem Militär, sondern aus der Privatwirtschaft. Er kam auf Wunsch von Verteidigungsminister Neil H. McElroy vom Großkonzern General Electric ins Pentagon und handelte sich mit seinem selbstbewussten Auftreten gleich die Gegnerschaft der Generäle ein, profitierte jedoch von der Rückendeckung durch seinen Chef und den Präsidenten. McElroy war, wie Johnson, von einem Managerposten ins Verteidigungsministerium gewechselt. Bei seinem früheren Arbeitgeber, dem Chemiekonzern Procter & Gamble, hatte er eine kleine Forschungseinheit eingerichtet, die ihm direkt unterstellt war und sehr großen Spielraum bei der Auswahl ihrer Arbeitsziele genoss. Das Prinzip hatte gut funktioniert und einige Ideen hervorgebracht, die das Unternehmen gewinnbringend umsetzen konnte. Das Konzept der locker geführten Entwicklungsabteilung brachten McElroy und Johnson aus der Privatwirtschaft in die ARPA ein.

Die Agentur sollte sich im Lauf ihres Bestehens noch oft verändern, aber einige Grundzüge behielt sie bei. Das ARPA-Kernteam blieb klein und von den Entwicklungsabteilungen der Teilstreitkräfte unabhängig, es sah seine wichtigste Rolle darin, ein schnell wachsendes Netzwerk zwischen Militär, Universitäten und Unternehmen zu unterhalten. Bis alle diese Akteure die Aktivitäten der Agentur schätzen lernten, hatte sie große Widerstände zu überwinden.

Ungeliebt vom Militärestablishment, geriet die junge ARPA nämlich schnell unter Druck. Der weitaus größte Posten in ihrem Budget, die Weltraumforschung, wanderte sehr schnell zur 1958 gegründeten NASA, wie Katie Hafner und Matthew Lyon in *Where Wizards Stay Up Late* (1996) schreiben. Johnson trat frustriert als Direktor ab, die Agentur stand schon kurz nach ihrer Gründung vor dem Ende. Im Barber-Bericht steht, wie Johnsons Nachfolger, Austin W. Betts, die Reste der ARPA vor dem Untergang rettete: Er duckte sich weg und konzentrierte sich auf weniger glamouröse Grundlagenforschungsprojekte. Betts übergab die Leitung 1961 an den MIT-Elektroingenieur Jack Ruina, der diese Strategie konsolidierte.

Erica R.H. Fuchs von der Carnegie-Mellon-Universität beschrieb die Ära von Betts und Ruina in einem Aufsatz über die Rolle des Staates in Forschung und Entwicklung mit den Stichworten: »Wissenschaftliche Verdienste stehen über militärischen; Unabhängigkeit; intellektuelle

Qualität; die besten Leute.«[5] Ruina war es auch, der J.C.R. Licklider zur ARPA holte, den Geburtshelfer des Internet. Der Grund dafür war eher banal: Die Air Force hatte einen teuren Supercomputer für ihr Luftabwehrprojekt SAGE bestellt, benötigte die Maschine dann aber nicht und hängte sie der ARPA um. Nun durfte der Psychologe Licklider, der die intellektuellen Fähigkeiten von Menschen mit Hilfe interaktiver Computersysteme verbessern wollte, seine Visionen mit den Ressourcen des neugeschaffenen Information Processing Techniques Office (IPTO) konkretisieren. Der Barber-Bericht zitiert Licklider selbst:

»Einige wenige Leute waren überzeugt, dass Menschen sehr viel effizienter denken und entscheiden könnten, wenn sie Unterstützung durch ein Computersystem bekämen, wenn sie gute Bildschirme und so weiter zur Verfügung hätten, gute Datenbanken, einen Rechner. Das war eine Art Leitbild, auf das wir hinarbeiteten. Es war nicht wirklich ein Forschungsprogramm über Kommando- und Kontrollstrukturen. Es war ein Programm über interaktives Rechnen. Und ich glaube bis heute, dass man Kommando- und Kontrollstrukturen nicht außerhalb eines solchen Szenarios verwirklichen kann. Natürlich glaubten das die Leute nicht, die sich damals mit Kommando- und Kontrollsystemen befassten.«

Im April 1963 veröffentlichte Licklider ein Rundschreiben an Wissenschaftler, die mit ihm an den neuen Systemen arbeiten sollten: »Memorandum for Members and Affiliates of the Intergalactic Computer Network« stand in der Betreffzeile des Briefs, in dem er seine Pläne für ein Computernetzwerk mit Zugriffsmöglichkeit auf verteilte Ressourcen ausbreitete.[6] Von einem System, mit dem man im Fall eines Atomkriegs ausfallsicher hätte kommunizieren können, war dort nicht die Rede. Eine mögliche militärische Nutzung erwähnt Licklider nur kurz ganz am Ende des Briefs, die neuen Systeme würden sich schon für die Armee als nützlich erweisen. Die zu lösenden technischen Probleme im wissenschaftlichen wie im militärischen Bereich seien im Grunde dieselben. Nach dem Motto: Erst forschen wir, eine militärische Anwendung für den Geldgeber wird sich dann schon finden.

Auch Lawrence (»Larry«) Roberts, der in verschiedenen Rollen bei der ARPA für Planung und Finanzierung des Internet-Vorläufers ARPANET zuständig war, konnte im Rahmen der Agentur frei arbeiten, bis das Netz im Oktober 1969 den Betrieb aufnahm. Gerade noch rechtzeitig, denn mit zunehmender Härte des Vietnamkriegs geriet auch die ARPA unter Druck, sie wurde 1972 in DARPA umbenannt – mit einem D für »Defense« – und war fortan gehalten, angewandte Forschung zu militärischen Zwecken zu finanzieren. Auch vorher hatte sich die Agentur um militärische Themen wie Luftabwehr, Methoden zum Nachweis von Atomtests

5 Erica R. Fuchs, *Rethinking the Role of the State in Technology Development. DARPA and the Case for Embedded Network Governance*. In: *Research Policy*, Nr. 39/9, 2010. (papers.ssrn.com/sol3/papers.cfm?abstract_id=1545155).

6 J. C. R. Licklider, *Memorandum for Members and Affiliates of the Intergalactic Computer Network*. vom 25. April 1963 (www.dod.mil/pubs/foi/Science_and_Technology/DARPA/977.pdf).

und Theorien für den Kampf gegen Guerillas gekümmert. Licklider, Roberts und Kollegen aber hatten das Glück gehabt, in einem Zeitfenster arbeiten zu können, das im Barber-Bericht als »Goldenes Zeitalter der Forschung und Entwicklung« bezeichnet wird.

Von 1963 bis 1967 stieg das Budget der ARPA ständig an, von 254 auf 278 Millionen Dollar. In diesem Umfeld konnte Robert Taylor, einer von Lickliders Nachfolgern als Leiter des IPTO, 1966 mit seinen Netzwerkplänen ins Büro des damaligen ARPA-Chefs Charles M. Herzfeld gehen und knapp zwanzig Minuten später mit der Zusage für eine Million Dollar Forschungsgelder wieder herauskommen.[7] Eine Million Dollar im Jahr 1966 entsprechen 2013 rund 7,2 Millionen Dollar.

Abgesehen von den Zukunftsvisionen, mit denen Licklider seine Kollegen zu faszinieren pflegte, zielte die von ihnen betriebene Grundlagenforschung darauf ab, die Vernetzung von Computern überhaupt erst zu ermöglichen. So bezeichnet Roberts auf seiner privaten Website die von Sterling und anderen auf Grundlage der Arbeiten von Baran verbreitete Behauptung, das Netz sei gebaut worden, um einem Atomschlag zu widerstehen, schlicht als »unzutreffendes Gerücht«.[8]

Bemerkenswert ist, dass Präsident Bill Clinton und sein Vize Al Gore 1993 die DARPA wieder in ARPA umbenannten. In ihrem Bericht schrieben sie, dass sich die Agentur wieder auf eine Rolle in der Forschungsförderung konzentrieren solle, die nicht nur dem Militär, sondern auch der Wirtschaft zugute komme.[9] Dies geschah zu einer Zeit, als die amerikanische Regierung das Internet für die Privatwirtschaft öffnete, gewissermaßen als ein Signal für eine Verlagerung von *hard power* zu *soft power*, im Rahmen der Entspannung nach dem Kalten Krieg. Aber schon 1996 bekam die Forschungsagentur wieder ihr D vorangesetzt, ohne weitere Erklärung, im Rahmen einer trockenen Ergänzung eines Absatzes im Verteidigungsbudget.[10] Die kurze Zeit der Entspannung war vorbei.

Zu diesem Zeitpunkt hatte die (D) ARPA ihren wichtigsten Beitrag zum Netz aber schon längst geleistet, die Arbeit wurde in zivilen Gremien wie der Internet Engineering Task Force (IETF), der Internet Society, dem World Wide Web Consortium (W3C) und der Internet Corporation for Assigned Names and Numbers (ICANN) geleistet. Die bedeutsamste Verbindung zwischen Netzverwaltung und US-Regierung lief nicht mehr über das Militär, sondern über das Handelsministerium, das erst die ICANN und dann deren Unterorganisation IANA über Verträge an der langen Leine kontrollierte – ein Zustand, den vor allem die Regierungen Russlands und Chinas bei jeder Gelegenheit zu kritisieren wissen.

7 Katie Hafner/Matthew Lyons, *Arpa Kadabra oder Die Geschichte des Internet*. Heidelberg: dpunkt 2000.

8 Lawrence Roberts, *Internet Chronology 1960–2001* (packet.cc/internet.html).

9 William J. Clinton/Albert Gore Jr., *Technology for America's Economic Growth, a New Direction To Build Economic Strength* vom 22. Februar 1993 (eric.ed.gov/?id=ED355929).

10 DARPA, *ARPA-DARPA: The Name Chronicles* (www.darpa.mil/About/History/ARPA-DARPA__The_Name_Chronicles.aspx).

Cyberwar

1983 hatte das US-Militär sein eigenes Netzwerk, das MILNET, vom ARPANET abgetrennt, bis heute betreibt es eigene Netze, aber mit den Überwachungssystemen der NSA greift es verstärkt in das zivile Internet ein – genau wie seine Pendants aus anderen Nationalstaaten. Mit zunehmender ökonomischer und medienpolitischer Relevanz des Internet wuchs seit Ende der neunziger Jahre auch wieder das publizierte Interesse des Militärs und seiner Geheimdienste an dem System, das Stichwort »Cyberwar« machte die Runde und signalisierte den Willen der Generalitäten, auch dieses Terrain unter ihre Kontrolle zu bekommen.

2010 nahm die Nato den Schutz kritischer digitaler Infrastrukturen in ihr Strategiekonzept auf, 2014 teilte das Bündnis im Rahmen der Deklaration seines Gipfeltreffens in Wales mit, bei einer nicht näher definierten Cyber-Attacke auf einen Mitgliedstaat den Bündnisfall gemäß Artikel 5 des Nato-Vertrags auslösen zu wollen. Man werde ad hoc entscheiden, ob ein solcher Angriff die Schwelle zum Verteidigungsfall überschreite. Im Rahmen eines im August 2014 publizierten Interviews von Mitarbeitern der Zeitschrift *Wired* mit Edward Snowden wurde bekannt, dass die National Security Agency an einem System namens »MonsterMind« zur vollautomatischen Vergeltung gegnerischer Internet-Angriffe gearbeitet hat.

Die Definition des »Cyberwar« haben Militärs und angeschlossene Denkfabriken schon immer gern vage gehalten, wie die österreichische Diplomatin und Expertin für IT-Sicherheit Karin Kosina im Rahmen einer Arbeit über das Thema überzeugend dargelegt hat.[11] Denn die üblichen Hacker-Techniken wie die Ausnutzung von Sicherheitslücken oder Denial-of-Service-Attacken können zwar sicherheitsrelevant sein, aber für sich allein genommen konstituieren sie noch lange keinen »kriegerischen« Akt. Die Frage, wo der Krieg anfängt und wo er aufhört, ist zwar schwer zu beantworten und in jedem konkreten Zusammenhang neu zu eruieren, aber sie definiert auch Anfang und Ende der Zivilgesellschaft im Netz. Die informationstechnischen Dienste der Armeen bewegen sich im Internet, sie sind mächtig, beeinflussen schlimmstenfalls die Standardisierungsgremien und sabotieren sichere Kommunikation, aber sie besitzen das Netz nicht, sie sind ein Machtspieler von vielen, neben den zahlreichen Polizeibehörden, zu denen ihr Know-how durchsickert.

Die Frage nach dem zivilen oder militärischen Charakter des Internet bietet sich dem Beobachter zuweilen wie ein Vexierspiel dar, die Bilder sind ineinander verschränkt und kippen je nach Perspektive und aktuellem Kontext. Bei genauerem Hinsehen kann die Frage, ob das Internet ein Projekt mit zuvorderst militärischer Aufgabenstellung ist, dessen zivile Nutzung nur geduldet wird, beim heutigen Stand der Forschung mit einem klaren Nein beantwortet werden. Die Forschung über paketvermittelte Kommunikation wurde zwar von der ARPA als einer Agentur des Verteidigungsministeriums angestoßen und gefördert, aber ausdrücklich als Grundlagenforschung auf dem Gebiet

11 Karin Kosina, *Wargames in the Fifth Domain*. Master Thesis. Wien 2012 (kyrah.net/da/wargames.pdf).

der Mensch-Maschine-Interaktion, nicht um die militärische Kommunikation im Fall eines Atomkriegs aufrechterhalten zu können. Das Netz wurde mit den Mitteln aus dem Militärbudget entwickelt und auch von diesem eingesetzt, aber eben nicht zuvorderst zu diesem Zweck.

Das freie Netz

Die aus Paul Barans Forschungsprojekt hervorgegangene und von Bruce Sterling so erfolgreich verbreitete Legende ist daher gefährlich. Sie legitimiert nicht nur indirekt den Herrschaftsanspruch des Militärs und seiner Geheimdienste über das Internet, sie unterstellt auch eine Robustheit, die das Netz niemals besaß. »Military grade« suggerierte Stabilität, speziell in den frühen neunziger Jahren, als das freie Protokoll TCP/IP sich auf dem Konsumentenmarkt noch dem Gegenmodell proprietärer Dienstleister wie AOL, Compuserve oder Prodigy gegenübersah. Der Rest folgte der Marketinglogik: Das Internet mag – mangels zentraler Kontrolle – vielleicht etwas weniger übersichtlich aussehen als die anderen Online-Dienste, aber es ist immerhin vom amerikanischen Militär konstruiert worden, um der mächtigsten Waffe überhaupt widerstehen zu können. Sie können also ruhig Ihre Geschäftsprozesse in dieses Netz verlagern, es ist stabil, atombombensicher, bereits im Betrieb seit 1969. Ähnlich funktionierte John Gilmores bekannter Spruch von 1993, das Netz interpretiere Zensur als Fehler und leite die Daten einfach darum herum.[12]

Angesichts von Zwischenfällen wie jener NSA-Kommandoaktion im Jahr 2012, bei der im syrischen Bürgerkrieg beim Aufspielen einer Überwachungssoftware ein wichtiger Router beschädigt und damit das ganze Land vom Netz getrennt wurde, dürfen diese Sprüche ruhig als techno-libertäre Märchen bezeichnet werden.[13] Hinzu kommt, dass die Sicherheitsapparate der Nationalstaaten Internet-Unternehmen gerne als paramilitärische Dispositive betrachten – und diese in Aussicht auf lukrative Verbindungen zum militärisch-industriellen Komplex gerne mitmachen. So ist die CIA Cloud-Kunde von Amazon, Facebook und Google sammeln persönliche Daten ihrer Nutzer nicht nur zum eigenen Profit, sondern auch zu dem der NSA und der unzähligen an sie angeschlossenen Behörden.

Das freie Netz aber ist nur eine Idee. Es ist nicht atomschlagsicher, seine technischen und sozialen Systeme sind immer fragil, stehen stets unter Druck mächtiger organisierter Eigeninteressen aus Wirtschaft und Nationalstaaten. Das Internet ist aber nicht der ureigenste Turf des Militärs und der Geheimdienste, es ist Infrastruktur und Produktionsmittel zugleich, Ergebnis langer harter Arbeit verantwortungsbewusster Experten, ein Gemeingut höchster Ingenieurskultur, das von Staat und Wirtschaft in deren eigenem Interesse sorgsam behandelt werden muss.

12 Varianten und Quellen von Gilmores Zitaten finden sich auf: en.wikiquote.org/wiki/John_Gilmore

13 James Bamford, *Edward Snowden, The Untold Story*. In: *Wired*, Nr. 8/2014 (www.wired.com/2014/08/edward-snowden).

Zur gesellschaftlichen Lage des Netzes

Von Roger A. Fischer

Was das Internet für die Entwicklung der Gesellschaften hier und weltweit bedeutet, darüber gibt es heute tiefe Verunsicherung. Dabei waren die Stimmungen, die wir mit dem Netz verbinden, schon immer etwas widersprüchlich: Ich kann alles sofort haben – aber meine Arbeit wird überflüssig. Jede Idee ist Gemeingut – aber mein Rechner gehört mir. Hoheitsrechte sind von gestern – aber jemand soll meine Daten schützen. Es ist das Bild einer Lage, in der das Leben schneller ist als das Denken: Von Fall zu Fall stellen wir uns ein auf die Veränderungen, die uns gerade begegnen. Aber reflektieren können wir sie nur mit dem geistigen Werkzeug, das wir zur Hand haben. Es ist das unserer Vergangenheit.

Zu Recht sagt Evgeny Morozov, dass das Netz nicht selbst eine gesellschaftliche Kraft ist. Vielmehr ist es Ausdruck von Entwicklungen, die ihre Ursache in der Gesellschaft haben. Diesen Zusammenhang soll der folgende Beitrag betrachten. Nebenbei könnte hier auch deutlich werden, wie es dazu kommen kann, dass das Netz als – scheinbar autonome – gesellschaftliche Kraft angesprochen wird, ähnlich wie früher »die Geschichte« und heute »die Globalisierung«.

Trennen und neu zusammensetzen

Funktionale Differenzierung ist ein wesentliches Merkmal des ursprünglich europäischen Sonderwegs, den die heute wohlhabenden Gesellschaften genommen haben und der inzwischen wohl für alle maßgeblich geworden ist. Heute stellt sich sogar die Frage, ob das Netz ein Niveau an weltweiter Integration hervorbringt, das alternative Entwicklungswege nicht mehr zulässt. Funktionale Differenzierung heißt: Was vorher in einer Handlung verbunden war, ist nun in einzelne Vollzüge getrennt und auf unterschiedliche Personen verteilt: Der Hersteller muss nicht auch der Nutzer sein, wenn es einen Markt gibt. Der Wissende muss nicht auch der Anwender sein, wenn es Anleitungen gibt. Der Unternehmer muss nicht auch der Kapitalinhaber sein, wenn es Kredit gibt. Entsprechendes gilt auf der Ebene der Dinge und Informationen: Der Text muss nicht die Bibel sein, wenn es bewegliche Lettern gibt. Durchweg geht es darum, Funktionen aus ihrem ursprünglichen Zusammenhang zu lösen, um sie neu zusammensetzen zu können.

Diese Fähigkeit ist so ambivalent wie jeder historische Schritt. Wir gewinnen immer mehr einzelne Gesichtspunkte, unter denen wir mit der Dingwelt zu tun haben – und damit viele produktive Möglichkeiten. Aber wir verlieren den ganzheitlichen Blick auf das Gegebene – und haben schwere neue Fragen zu lösen: Was ist der faire Preis für das neu Zusammengesetzte? Wem gehört eine Idee? Welches Entgelt steht dem Kapitalgeber zu? Was darf man lesen?

Nicht zufällig sind neue Formen des gesellschaftlichen Zusammenwirkens – Markt, Schrift, Darlehen, Bücher – stets auch von heftigen Debatten über die Kontrolle und Verteilung ihrer Erträge begleitet: Der Gefühlsgehalt historischer Stichworte wie Wucher, Plagiat, Zinsverbot, Zensur ist uns immer noch gegenwärtig.

Das Prinzip von Trennen und Zusammensetzen ist grundlegend auch für das Netz. Zum einen erschließt die Digitalisierung diesem Prinzip neue Wirkungsräume. Die laufende Debatte um »Big Data« erfasst das nur zum Teil. Man denke an die Neuorganisation von Produktionsprozessen in der »Industrie 4.0«. Oder die *remix culture*, in der das unbekümmerte Neukombinieren zum Stilprinzip geworden ist. Zum anderen erfährt das Verhältnis zwischen dem Anbieter und dem Kunden durch das Netz eine wesentliche Veränderung, weil jetzt auch große Netzunternehmen als Anbieter auftreten. Diese Unternehmen unterscheiden sich in vielerlei Hinsicht wesentlich vom traditionellen Anbieter. Die schon vorhandene Trennung zwischen Anbieter und Kunden wird damit so tief, dass neue Begriffe nötig sind.

Der Nachfrager wird zum Nutzer

Dass viele große Netzunternehmen von Werbeeinnahmen leben, ist bekannt. Wichtiger ist es, die Zielgruppe der Werbung zu betrachten und zu zeigen, wie die allgemeinen Merkmale und Interessen dieser Gruppe der Entwicklung des Netzes eine bestimmte Richtung gegeben haben. Einige sehr pauschale Charakteristika müssen hier genügen. Es handelt sich um den inzwischen globalen Mittelstand. Er ist nach Umfang und Kaufkraft während der letzten zwanzig Jahre unerwartet schnell gewachsen – und bereit, immer mehr Konsumgüter zu erwerben. Er lebt in einer ausgeprägt arbeitsteiligen Gesellschaft und neigt dazu, Gegenstände eher unter dem Gesichtspunkt ihres Gebrauchs als unter dem ihrer Herstellung zu sehen – Voraussetzungen und Verfahren der Herstellung scheinen in stark arbeitsteiligen Gesellschaften allgemein immer mehr als Sache der zuständigen Spezialisten zu gelten. Überhaupt erlebt er Selbstbestimmung nicht in der zunehmend durchorganisierten Arbeitswelt, sondern eher in der Auswahl unter immer mehr Lebensstilen und Konsumoptionen. Den technischen Fortschritt verbindet er mit wachsenden eigenen Ansprüchen an das Serviceniveau von Staaten und Unternehmen. Nur ausnahmsweise ist er politisch engagiert. Aber er achtet auf Preise.

Anbieter haben allen Grund, sich auf den globalen Mittelstand einzustellen. Dass sie das Netz nutzen, um Preise zu optimieren und den Zwischenhandel auszuschalten, ist zunächst nur die konventionelle Seite der Entwicklung. Viel wichtiger ist die Erkenntnis, dass die Interessen des Mittelstands (in der statistischen Summe) auf ein möglichst passives Verhältnis zum Produkt hinauslaufen. Man will jederzeit die reibungslose Leichtigkeit der Nutzung – und möglichst nicht die dauernde Betriebslast des Eigentums.

Mühsame Funktionen – Qualitäts- und Preisvergleich, Transport, Bedienung, Pflege, Wartung, Steuerung, Reparatur (»Internet der Dinge«) – werden jetzt Gegenstand neuer netzgestützter Dienstleistungen, die genau hier Erleichterung schaffen sollen. Sie werden Teil einer Produktion und gehen so – wenigstens zum Teil – in den Herrschaftsbereich anderer über. Der Kunde erhält dann oft nicht mehr einen Gegenstand, über den er verfügen kann, sondern nur befristeten Zugang zu einer zentral verwalteten Dienstleistung. Man sieht das etwa am Übergang vom Download zum Streaming.

Wie jeder technische Fortschritt ist auch dieser Schritt ambivalent. Einerseits wird vieles leichter, und das kann viele dazu bringen, ihr wirtschaftliches und soziales Verhalten informierter, bewusster und auch aktiver zu gestalten; der Begriff »Prosumer« scheint diesen Sachverhalt zu bezeichnen. Andererseits wird genau dieses Verhalten damit – wenigstens potentiell – zum Gegenstand von Beobachtung und Kontrolle. Der Nutzer kann abgeschöpft werden, weil er mitproduziert.

Darüber hinaus verliert der Kunde damit ein weiteres Stück der im Produkt enthaltenen handwerklichen und geistigen Möglichkeiten. Von der Körperlichkeit und dem im Produkt gebundenen Wissen ist er weitgehend ausgeschlossen *(tacit technology)*. Stattdessen wird er selbst zum Träger beobachtbaren Verhaltens, also zur Quelle von Daten, die auf zukünftiges Verhalten schließen lassen – aber auch vielen anderen Zwecken dienen können.

Das Verhältnis zwischen Anbieter und Kunden wird damit ein anderes. Bisher stützte es sich auf gemeinsame innere Vorstellungen und Ziele – so pauschal und standardisiert sie unter Marktverhältnissen auch sein müssen (vorgedruckt oder nicht, der Vertrag kann nur gelten, wenn der Kunde das wirklich will). Der Anbieter, der den Kunden in erster Linie als Datenquelle sieht, verfolgt nun ein anderes Geschäftsmodell – typisches Beispiel ist der Anbieter sozialer Netzwerke, der von der Verwertung der personenbezogenen Daten lebt, die die Nutzer ihm unentgeltlich zur Verfügung stellen. Auf innere Sachverhalte wie den wirklichen Willen kommt es ihm nicht an.[1] Entscheidend ist nur der Algorithmus.

Damit ist ein Verfahren erreicht, das auf das eigentliche Spezifikum menschlichen Zusammenwirkens, nämlich die Bildung gemeinsamer Vorstellungen und Ziele (Michael Tomasello), bewusst verzichtet.[2] Begriffe wie »Anbieter« und »Nachfrager«, die von der Wurzel her auf Grundfiguren sprachlicher Kommunikation (Gebot und Frage) abstellen, sind fehl am Platze. Denn Verständigung durch Frage und Antwort gibt es hier gerade nicht. Es ist sicher kein Zufall, dass sich in der Praxis stattdessen das Wort »Nutzer« eingebürgert hat, das eben keine Kommunikation voraussetzt, sondern bloß ein tatsächliches Verhalten bezeichnet.[3]

Für den Nutzer ist es praktisch, bequem, schnell und preiswert. Diese Motive sind so oberflächlich, dass sie den unausweichlichen Charakter der zugrunde liegenden Entwicklung leicht verdecken. Wer ist denn gezwungen, das Netz zu nutzen? Wer hindert uns, dem Rat Hans Ma-

1 Welche Rolle der Wille im nichtdigitalen Massenmarkt spielt, kann hier offen bleiben. Hier geht es nur darum zu zeigen, dass er jedenfalls für das Geschäftsmodell digitaler sozialer Netzwerke von vornherein entbehrlich ist, weil diese von der Beobachtung menschlichen Verhaltens leben.

2 Auch die Frage, wo wir gemeinsame Vorstellungen und Ziele konkret bilden, kann hier offen bleiben. Der Punkt ist nur, dass es in diesem Zusammenhang auf diese Fähigkeit nicht ankommt, weil die Beobachtung objektiven Verhaltens genügt, damit viele digitale Geschäftsmodelle funktionieren.

3 Überhaupt spricht einiges dafür, hier auf die Terminologie der öffentlichen Daseinsvorsorge zurückzugehen. Hier kennt das öffentliche Versorgungsverhältnis Träger, Anstalt und Nutzer.

gnus Enzensbergers zu folgen und unsere Smartphones wegzuwerfen? Kann ich nicht nach wie vor etwas selbst herstellen? Ist das Netz nicht bloß neue Technik? Bleibt nicht sonst alles beim Alten?

Diese Fragen übersehen den sozialen Charakter unseres Verhaltens. Selbstverständlich kann ich immer noch selbst etwas herstellen. Aber heute bekommt jeder das gleiche Produkt auch woanders – womöglich aus dem 3D-Drucker. Jeder weiß das. Und ich weiß, dass es jeder weiß. Früher war es möglich zu denken, dass ich etwas herstelle, damit ich es habe oder jemand anderes es hat. Diese Möglichkeit gibt es jetzt nicht mehr. (Wobei sie schon früher durch industrielle Massenproduktion gefährdet war.) Der Akt des Herstellens an sich hat seinen Charakter verändert. Ganz gleich, ob wir sie spielen wollen oder nicht – die Rolle des Nutzers ist unausweichlich für uns alle.

Schließlich wirkt die Nutzung des Netzes zurück auf die Mentalität des Nutzers: Weil er mit den physischen Bedingungen der Produktion nichts zu tun hat, weigert er sich, die dort geltenden Beschränkungen von Knappheit, Ort und Zeit für sich anzuerkennen. Er will alles, hier und sofort. Die laufende Debatte über die »Gratiskultur« im Internet trifft davon nur einen (freilich wesentlichen) Aspekt:[4] Viele Anbieter schließen den Kunden von der Einsicht in die relevante Knappheitsrelation (Preis) und deren Informationsgehalt ebenso konsequent aus wie von anderen Potentialen des Produkts, die über die bloß passive Nutzung hinausgehen.[5] Die Haltung des Kunden, »alles hier und jetzt« haben zu wollen, spiegelt entsprechend kein Entgelt, sondern den Preis, den er tatsächlich zahlt: den umfassenden (»alles«) und überall (»hier«) in Echtzeit (»jetzt«) vollzogenen Zugriff des Anbieters auf seine Daten.

Selbstverständlich braucht der Nutzer das Netz auch zur Kompensation. Dass er mit vielen Funktionen der Eigenproduktion auch deren gemeinschaftsbildendes Potential verloren hat,[6] vergisst er in weltweiten sozialen Netzwerken und vertritt umso stärker die Ideologie von der Kraft des Netzes, Menschen miteinander zu verbinden. Dass individuelle Eigenproduktion gesamtwirtschaftlich wohl nicht mehr viel mehr sein kann als Liebhaberei, verdrängt er in Diskursen über »Start Ups« und »Maker Cultures«.

Dass Politik mit Wertentscheidungen zu tun hat, die sie selbst mitzugestalten haben, tritt für manche Netznutzer in den Hintergrund, weil sie den Staat als ein Serviceunternehmen begreifen, das mit der richtigen Geschäftsführung und Software schon auf Vordermann zu bringen wäre.[7] Ich bestreite nicht, dass

4 Dass im Internet in größtem Umfang auch entgeltliche Geschäfte stattfinden, wird hier nicht bestritten. Daneben erlaubt das Netz aber auch Geschäfte, die mit Daten »bezahlt« werden und der hier beschriebenen Mentalität besonders entgegenkommen.

5 Hier wird nicht behauptet, dass Preise außerhalb des Netzes die Wahrheit sagen. Es geht nur darum, dass ihre wenigstens potentielle Informationsfunktion von vornherein dort wegfällt, wo nicht mit Geld, sondern mit Daten »bezahlt« wird.

6 Das ist die bekannte Folge der »alten« Industrialisierung. Auch sie ist ambivalent: Erleichterung gegen Entfremdung.

7 In der Tat ist fraglich, ob und gegebenenfalls wo das Netz tatsächlich bessere Lösungen erlaubt als die der überkommenen formalen

das Netz sozialen Zusammenhalt, erfinderische Fantasie und bessere Verwaltung unterstützen kann. Mir scheint aber, dass sich manche vielberufene Einzelerscheinungen im Netz zur gesellschaftlichen Gesamtentwicklung so verhalten wie das Biedermeier zur Industriellen Revolution.

Der Anbieter wird zum Versorger

Amazon schreibt keine Bücher.[8] Generell stellen die Betreiber und Dienstleister des Netzes Verbindungen her, nicht Gegenstände. Das entspricht dem Wesen der Digitalisierung. Die Idee ist, jede Information so zu codieren, dass sie sich mit möglichst jeder anderen Information verbinden lässt. Das Trennen und neu Zusammensetzen, das unsere Entwicklung allgemein bestimmt, erfasst mit der Digitalisierung die Ebene der Information. So kommt es nicht mehr darauf an, woher eine Information kommt, sondern darauf, wozu sie dienen kann – welche »Anwendung« sie hat. Anders als unsere Sprache kennt ein Algorithmus keine Herkunft, sondern nur Funktionen.

Das könnte übrigens erklären, warum das Netz immer mehr sensorische Daten aufnimmt. Das von einem Algorithmus ausgeworfene neue, »synthetische« Datum hat ja keinen Autor, der – mit welchen Vorbehalten auch immer – für die Wahrheit seiner Aussage einsteht. Innere Sachverhalte wie eben die Überzeugung, eine Aussage sei zutreffend, spielen hier von vornherein keine Rolle. Stattdessen gewährleistet ein brauchbarer Algorithmus die funktionale Richtigkeit von Daten nur durch Beobachtung von Verhalten oder sonst »objektiver« Vorgänge. Übrigens geht das Vertrauen in die Beobachtung großer Mengen empirischer Daten inzwischen so weit, dass die Frage aufkommt, ob die Suche nach Gründen damit überflüssig wird. Reichen Korrelationen nicht aus, um manches zu entscheiden?[9]

Die Gegenstände, die so verbunden werden, sind in der Regel schon fertige Produkte. Das Netz bringt sie nicht hervor, sondern verwertet sie im Rahmen von Nutzungsverhältnissen. Es macht Privates zum Handelsgut, indem es Märkte dafür schafft (Mitfahr-, Mitwohngelegenheiten).[10] Und es verändert auch vorhandene Märkte. Oberflächlich betrachtet ist dies nur ein typischer Wettbewerbsverlauf: Die bessere und preiswertere Lösung verdrängt die schlechtere und teurere. Trotzdem führt dies zu dauerhafter Konzentration von

Institutionen. Wie oben beschrieben, stellen technische Innovationen gerade die Frage neu, was wir durch Wertentscheidung und was wir durch technische Lösungen erledigt sehen wollen.

8 Die Funktion des Handels ist natürlich nicht neu. Hier geht es darum zu zeigen, wie der digitale Handel in besonderer Weise auf die Produktionsverhältnisse zurückwirkt.

9 Viktor Mayer-Schönberger hat in seinem Vortrag auf der re:publica 2014 gefordert, dass man belastende Entscheidungen, die sich auf allgemeine Korrelationen stützen, durch Berufung auf Gründe widerlegen können soll. Dagegen spricht, dass Verfahren der Daseinsvorsorge in aller Regel typisieren und pauschalieren und somit nur geringe Rücksicht auf Einzelfälle nehmen.

10 Die einschlägigen Plattformen scheinen mit dazu beigetragen zu haben, dass viele Sachverhalte, die vorher in privatem unentgeltlichem Austausch bestanden, jetzt marktmäßig behandelt werden.

wirtschaftlicher Macht. Dahinter steht das Zusammenwirken von drei Gründen.

Erstens macht das Netz den relevanten Markt größer. Standortunterschiede werden irrelevant. Es genügt also nicht mehr, besser zu sein als das Produkt im Nachbarland. Es geht nun darum, besser zu sein als jedes weltweit vergleichbare Produkt[11] – einschließlich der Lösungen, die durch das Netz gerade erst möglich werden. Das ist ein hoher Maßstab. Und kein Hersteller kann erkennen, was dieser Maßstab von ihm verlangt. Denn das dazu nötige Wissen liegt allein beim Netzunternehmen. Aus diesem Grund kann hier auch keine marktförmige Arbeitsteilung im Sinne von David Ricardo entstehen. Denn diese setzt ja voraus, dass der Hersteller seinen eigenen komparativen Vorteil aus dem allgemeinen Marktverlauf schließen und diese Kenntnis in seinem Betrieb anwenden kann. Im Netz besteht der Marktverlauf aber aus so vielen Daten, dass ein Hersteller sie vielleicht zum Teil noch erheben, aber sicher nicht sinnvoll verwerten kann. Das kann nur das Netzunternehmen.

Zweitens ist das Wachsen eines digitalen Netzwerks nicht unbedingt mit sinkendem Grenznutzen verbunden. Was für die Herstellung von Waren zutrifft (Faktoren und Betriebsformen erschöpfen sich), das scheint für das Knüpfen von Verbindungen oft nicht zu gelten. Vielmehr wird so manches Netzwerk immer wertvoller, je größer sein Nutzerkreis wird – zumal, wenn es wie Facebook oder Google immer mehr personenbezogene Daten sammelt.[12] Es liegt also nahe zu fragen, ob es sich um natürliche Monopole handelt. Tatsächlich ist die Veränderung aber viel größer als ein bloßer Wechsel von Marktformen.

Drittens laufen alle Informationen darüber, wie Produkte genutzt werden, beim Netzunternehmen zusammen.[13] Es gewinnt damit mehr Orientierung über den Markt, als sie je ein Hersteller zur Verfügung hatte. Denn sie reicht bis an das konkret-individuelle Nutzerverhalten heran, geht weit über den Umgang mit nur einem Produkt hinaus und wird (mit den wachsenden technischen Möglichkeiten) perspektivisch in Echtzeit zu verfolgen sein. So entsteht eine Rolle, die Märkte totalisiert, jede Eigenproduktion einer permanenten und für keinen Hersteller mehr greifbaren Gefährdung aussetzt und sich von den inneren Grenzen der Produktion lösen kann, weil sie nicht bloß ein Produkt verwertet, sondern letztlich das Nutzungsverhältnis, das über das Produkt geknüpft wird.

Das Netz nimmt uns immer mehr ab: Verrichtungen, die wir früher selbst erledigt hatten und heute wohl nicht mehr beherrschen würden. Jeder weiß, dass unser Lebensstandard ohne das Netz nicht mehr denkbar wäre, und nur wenige kön-

11 Hier stehen die digitalen Lösungen in der Kontinuität des Wachstums der internationalen Arbeitsteilung. Dieser Sachverhalt ist als solcher natürlich viel älter.

12 Anderswo mag die Datenflut schon zu groß sein, um noch sinnvolle Hypothesen und Nutzungsformen zu finden. Bei sozialen Netzwerken ist das wohl anders, weil sie Muster menschlichen Verhaltens sichtbar machen.

13 Potentiell kann es sich auch den im Produkt verkörperten geistigen Gehalt aneignen und die physische Herstellung so zu einem bloßen Programmvollzug reduzieren; man denke an den 3D-Drucker.

nen sich im einzelnen vorstellen, wie eine unvernetzte Welt heute aussähe. Unser Leben ist gedankenlos tief in das Netz verstrickt. Deshalb trifft es die Sache nicht, wenn wir es als Markt bezeichnen, der nur einen oder wenige Anbieter hat. Immer wieder hat sich historisch die Grenze zwischen dem Markt (als Ort von Wettbewerb und Beschaffung) und dem Haushalt (als Ort von Versorgung und Verwertung) verschoben. Das scheint auch hier zu geschehen.

Der Markt wird zum Haushalt

Das ist klar am Verhalten der großen Netzunternehmen zu erkennen. Sie agieren nicht als Teilnehmer, sondern allenfalls als Veranstalter von Wettbewerbsprozessen. (Man denke an Ebay oder – zur Zeit europarechtlich aktuell – das Interesse von Unternehmen, ihre Angebote möglichst prominent auf den Plattformen von Google dargestellt zu sehen.) Der Monopolist kämpft noch um einen Standpunkt, von dem aus er einen ganzen Wirtschaftssektor optimieren kann. Für das Netzunternehmen ist dieser Standpunkt von vornherein Grundlage seines Geschäftsmodells, das übrigens generell nicht auf Sektoren beschränkt ist. Dementsprechend betrachtet er jeden Sektor als seinen Haushalt, für den es um Ressourcensicherung, Rationalisierung, Optimierung, Bewirtschaftung, Verteilung, Betreuung, Konsumregulierung geht.

Die Gesellschaft hat das längst erkannt. Wenn sie über die mächtigen Betreiber und Dienstleister des Netzes spricht (Google, Facebook, Amazon), verwendet sie nicht Begriffe des Marktes. Vielmehr formuliert sie Erwartungen, die typischerweise an die Träger öffentlicher Versorgungsleistungen gerichtet werden: Kostenlose oder erschwingliche »Grundversorgung«, diskriminierungsfreier Zugang, unabhängige Aufsicht über Leistung und Preis, Transparenz – ganz wie beim städtischen Wasserbetrieb.[14]

Dahinter steht eine Haltung, die die Ausbreitung und Verwertung digitaler Nutzungsverhältnisse generell hinnimmt und zum Teil ideologisch bejaht. Die normativen Kämpfe für Netzzugang und Netzneutralität sowie gegen das geltende Urheberrecht mögen zum Teil legitime Motive haben. Objektiv kommen sie der digitalen Verwertung von immer mehr Inhalten zugute. Auf diese Weise tragen sie dazu bei, dass immer mehr Bereiche unseres Lebens den so geschaffenen Nutzungsverhältnissen unterliegen. Die öffentliche Meinung verlangt also nicht die Befreiung aus dem Nutzungsverhältnis oder seine Begrenzung, sondern nur seine gesellschaftliche Kontrolle. Übrigens war das Versprechen von Kontrolle über neuentstehende Machtkerne historisch immer wieder ein wesentliches Element ihrer Legitimation.

Das ist keine vollkommen neue Aufgabe. Wesentliche Triebkräfte des Netzes (Preiswettbewerb und weltweit wachsende Kaufkraft) waren in der globalen Marktwirtschaft schon angelegt. Allerdings trägt das Netz dazu bei, ungelöste Fragen neu und schärfer als bisher ins Bewusstsein zu bringen. Ein Beispiel ist

14 Vgl. Hannah Kuchler, *Social media add value and become ever more mobile*. In: *Financial Times* vom 21. Mai 2014: »but the fastest risers are those whose mission is to make social networking, in the words of Facebook founder Mark Zuckerberg, a ›utility‹ like ›electricity‹«.

die Hochschulbildung. Bisher finden hier Wissenserwerb, Elitenauswahl, soziale Integration und Aufbau von sozialem Status im Rahmen einer tradierten einheitlichen Praxis statt. Das eine war ohne das andere nicht zu haben. Das Netz macht es nun wenigstens perspektivisch möglich, diese einzelnen Funktionen voneinander zu trennen, zum Beispiel durch Massive Open Online Courses (MOOC).

Und ganz wie in früheren Fällen des Trennens und neu Zusammensetzens stellen sich damit neue normative Fragen: Ist Wissenserwerb das Wesen der Hochschulbildung? Ist Bildung erstrebenswert, auch wenn sie nicht zum Aufbau von sozialem Status führt? Wer soll sich sozialen Status verdienen können? Verliert die Hochschulbildung etwas, wenn sie nicht an einen physischen Ort oder physische Infrastrukturen gebunden ist? Dieses Beispiel zeigt: Immer wenn wir Funktionen voneinander trennen, stehen grundsätzliche neue Entscheidungen an. Auch das Wachstum der digitalen Nutzungsverhältnisse zwingt uns zu Wertentscheidungen: Was darf keiner wissen? Wie unbequem muss unser Alltag sein, damit wir ihn noch spüren? Welche Last muss ich selbst tragen, damit kein anderer mein Leben führt?

Diese Fragen haben wir als Gesellschaft zu beantworten – in welcher institutionellen Form auch immer. Denn was geschieht, wenn wir sie dem Einzelnen überlassen, sehen wir jeden Tag. In der Tat liegt es bei uns, wie weit wir uns auf das passive Verhältnis zur Dingwelt einlassen, von dem das Netz heute lebt.[15] Der Grundcharakter des Verhältnisses zwischen Versorger und Nutzer ist jedoch – wenn überhaupt – nur auf gesellschaftlicher Ebene zu gestalten.

Auswege?

Die genannten Entwicklungen treten immer stärker ins öffentliche Bewusstsein. Aber was politische Schlussfolgerungen angeht, tut sich die Debatte noch schwer. In der Tat gibt es Hindernisse: Die »Netzgemeinde« zeigt bisher nur geringe Organisationskraft. Das ist kein Wunder, denn auch in der Politik begünstigt das Netz in seiner gegenwärtigen Form sehr weitgehend passive Zuschauerhaltungen.[16] Auf Seiten der großen Netzunternehmen scheint sich dagegen wieder der Zusammenhang zwischen wirtschaftlicher und politischer Macht zu zeigen, wie er für marktbeherrschende Stellungen typisch ist. Das öffentliche Vertrauen in die Fähigkeit und den Willen von Staaten, zugunsten ihrer Bürger in Nutzungsverhältnisse

15 Mit guten Gründen setzt Christiane Ax der Vorstellung von der Wissensgesellschaft ihren Begriff der Könnensgesellschaft entgegen. (*Die Könnensgesellschaft*. Berlin: Rhombos 2009.) Die Frage ist, unter welchen Bedingungen sich eine Könnensgesellschaft durchsetzen kann. Unter anderem geht es hier darum, aus welchen Gründen es sich lohnen kann, etwas selbst zu können. Es macht einen Unterschied, ob diese Gründe wirtschaftlichen oder kulturellen Charakter haben. Diese Bedingungen liegen auf gesellschaftlicher Ebene. Einzelne können sie weder verändern noch umgehen.

16 Damit verstärkt sich die arbeitsteilige Grundanlage des neuzeitlichen Staates: Wenn ich nichts tun will, dann erledigt jemand anderes Politik und Verwaltung für mich. Dies könnte ein Grund für die Zurückhaltung sein, mit der der öffentliche Sektor in manchen Ländern sich für digitale Partizipation öffnet.

einzugreifen, ist bisher nicht stark ausgeprägt. Hinzu kommt die äußerst anspruchsvolle Regelungsaufgabe: Es geht darum Wertentscheidungen zu treffen (zum Beispiel: »Was darf keiner wissen?«), die einerseits in der eigenen Gesellschaft legitim sind und andererseits anschlussfähig für den globalen Charakter des Netzes.

Historische Aufgaben sind niemals einfach, und vielleicht werden sie auch nie ganz gelöst. Folgende Ansatzpunkte kommen in Betracht: Staaten könnten einen Standard setzen, nach dem bestimmte Daten generell nicht verfügbar sind. Vom traditionellen Datenschutz unterschiede sich diese Norm darin, dass selbst die Zustimmung des Betroffenen das Datum nicht verfügbar machen könnte. Motiv dieser Regel wäre nicht nur der Schutz des Bürgers vor Abhängigkeit, sondern auch der Schutz des produktiven Potentials der eigenen Volkswirtschaft.

Für Einzelne ebenso wie für Volkswirtschaften geht es darum, eigene Fähigkeiten nicht deshalb zu verlernen, weil man das Produkt dieser Fähigkeit jetzt so leicht auch online bekommt. Einen Ausstieg aus der globalen Arbeitsteilung kann es gerade für Deutschland nicht geben. Aber damit ist nicht gesagt, dass wir uns in dieser Arbeitsteilung nicht strategisch verhalten sollten.[17] Mag sein, dass solche Maßnahmen mit ähnlichen Risiken belastet wären wie die alte Industriepolitik. Aber einen Versuch ist es wert. Denn die Frage nach dem Verhältnis zwischen dem Netz und der Struktur einer Volkswirtschaft stellt sich auch und vielleicht noch schärfer für die Partnerländer unserer Entwicklungszusammenarbeit. Es stünde uns gut an, mit ihnen gemeinsam dafür einzutreten, dass es auch in Zukunft noch eine Vielfalt unterschiedlicher Entwicklungswege gibt.

Auch Einzelne können und sollten etwas tun. Das ergibt sich schon daraus, dass in offenen Gesellschaften keine Politik ohne anhaltende öffentliche Unterstützung erfolgreich sein kann – auch dazu hat das Netz beigetragen. Was zu tun ist, ergibt sich ganz einfach aus der Umkehrung der Faktoren, die das Netz zu dem gemacht haben, was wir heute vorfinden: Zuerst sollten wir aufhören, für unausweichlich zu halten, dass sich das Netz weiter in die eingeschlagene Richtung entwickelt. Natürlich entsteht ein Gefühl von Gesetzmäßigkeit, wenn Daten gewissermaßen von selbst zur Ware werden, weil keiner von uns wirklich hingeschaut hat. Aber wo letztlich die Grenze zwischen meinem Handeln und den elektronischen Helfern verlaufen wird, das ist längst noch nicht ausgemacht.

Zweitens sollten wir uns entschließen, für mehr Netzdienste zu zahlen – wenn sie es wert sind. Je mehr das geschieht, desto mehr kommen die Funktionsbedingungen des Markts (Wettbewerb, Auswahl, Austausch) auch im Netz zur Geltung. Und funktionierende Märkte können Macht begrenzen. Es ist gut denkbar, dass lokale bezahlte Dienste selbst für Entwicklungsländer auf lange Sicht die günstigere Lösung sind, allemal unter gesamtwirtschaftlichen Gesichtspunkten.

17 Daron Acemoglu hat gezeigt, dass die Rolle einer Volkswirtschaft in der globalen Arbeitsteilung auch das Maß der sozialen Ungleichheit in dieser Volkswirtschaft bestimmt (Daron Acemoglu/James A. Robinson/Thierry Verdier, *Can't We All Be More Like Scandinavians?* NBER Working Paper Nr. 18441, Oktober 2012).

Drittens sollten wir Skepsis entwickeln gegen alles, was verspricht, unser Leben leichter zu machen. Wie vieles können und wissen wir heute nur, weil wir schon physisch damit zu tun hatten, weil es eben keine App dafür gab?

Und viertens sollten wir uns daran erinnern, dass das Netz etwas anderes sein kann als eine Einkaufsmeile. Es ist auch eine Möglichkeit, sich mit anderen über Vorstellungen und Ziele zu verständigen und gemeinsam etwas herzustellen. Niemand kann sagen, ob und unter welchen Gesichtspunkten solche Nutzungsformen relevanter sein werden als bisher – wirtschaftlich, sozial, kulturell. Aber genau das sollten wir erproben.[18]

18 Der Verfasser ist Beamter im Bundesministerium für wirtschaftliche Zusammenarbeit und Entwicklung (BMZ). Dieser Beitrag gibt nur seine persönlichen Ansichten wieder. Er dankt Herrn Dr. Tobias Knobloch für kritische Lektüre sowie viele kluge und sachkundige Hinweise.

Der Erinnerungsort Goethe-Nationalmuseum in Weimar

Von Paul Kahl und Hendrik Kalvelage

Zwei Gründungslegenden der einstigen DDR hängen an Weimar, und das Nachleben dieser Gründungslegenden ist immer noch spürbar, 25 Jahre nach dem Zusammenbruch des sozialistischen Staates. Die eine lautet: Die DDR verwirklicht den Buchenwaldschwur. Also sie, nur sie, die DDR, garantiert, dass es keinen »Faschismus« mehr gebe. Dazu gehörte 1945 die Schließung des Nietzsche-Archivs; Nietzsche galt mit Georg Lukács als Vorläufer des »Faschismus«. Die andere Gründungslegende lautet: Die DDR verwirklicht in ihrem »sozialistischen« Humanismus den »klassischen Humanismus«. Dazu gehörte der rasche Wiederaufbau des kriegszerstörten Weimarer Goethehauses als »authentisch«.

Beide Geschichtslegenden zusammen beförderten die Spaltung in das gute Weimar der Kultur um die Dichterhäuser und klassischen Stätten einerseits und das böse Buchenwald oben auf dem Ettersberg andererseits, wo, damals wie heute zum Weimarer Stadtgebiet gehörig, das Konzentrationslager errichtet worden war, zu dessen Schreckensbilanz 56000 Todesopfer gehören.

Wie sehr auch die kulturellen Einrichtungen Verantwortung für die nationalsozialistische Herrschaft trugen und sogar von ihr profitierten, ist bis heute nicht eingehend untersucht worden. Während die Klassik Stiftung Weimar bei der Erforschung von nationalsozialistischem Raubgut in ihren eigenen Beständen eine Vorreiterrolle einnimmt, entsprechen einige ihrer Dichterhäuser und historischen Stätten immer noch einem unmethodischen Reflexionsstand, der, aus DDR-Zeiten stammend, durch den Topos vom »authentisch«-unmittelbaren Ort der Klassik die Zeitgeschichte ausblendet. Das Weimarer Goethehaus ist – und wie sollte es anders sein? – natürlich nicht einfach das Goethehaus, sondern eine Konstruktion späterer Zeit, genauer: in seiner heutigen Gestalt eine Konstruktion sozialistischer Kulturpolitik.

Innere Emigration

Seine Geschichte ist verbunden mit dem zwiespältigen Vermächtnis des Museums- und Archivdirektors Hans Wahl (1885–1949). Der verdiente Philologe Wahl führte die klassischen Stätten Weimars von 1918 bis 1949 durch vier Regime, er erscheint als Zentralgestalt der Geschichte der Weimarer Kulturinstitutionen. Noch heute gilt er vielen als Garant des klassischen Erbes in schwieriger Zeit. Er war 1919 der erste, der die Idee einer übergreifenden Weimarer Kulturstiftung ausgesprochen hat, seine *Denkschrift über die Erhaltung und Pflege der klassischen Erinnerungsstätten und deren gemeinsame Verwaltung* nimmt voraus, was heute in Gestalt der Klassik Stiftung Weimar besteht. Seinem Einsatz ist es zu verdanken, dass 1935 das Goethe-Museum neben dem alten Goethehaus errichtet werden konnte.

Die sowjetischen Machthaber billigten Wahl 1945 zu, die Nazizeit politisch unbelastet in der »inneren Emigration« überstanden zu haben. Diese Einschätzung wurde erst in allerjüngster Zeit ernsthaft hinterfragt. Fortschreitende Dokumentenerschließung im Rahmen von Göttinger und Weimarer Forschungsprojekten legt allerdings eine Revision dringend nahe. Die Debatte, die sie im Feuilleton und vor allem in Weimar selbst ausgelöst habt,[1] betrifft nicht nur die Person Wahl, sondern die erinnerungskulturelle Selbstpositionierung der Weimarer Erinnerungsstätten im Ganzen.

Dass Hans Wahl NSDAP-Mitglied war und mehrfach mit Hitler und Goebbels zusammentraf, ist seit langem bekannt, dass er sich selbst immer wieder als »bewusster Antisemit seit 1910« bezeichnet hat, auch. Dass die Erweiterung des Weimarer Goethe-Museums, der erste Museumsneubau des nationalsozialistischen Deutschland, erst durch Hitlers finanzielle Zuwendung zustande gekommen ist, weiß man ebenfalls seit den neunziger Jahren. Die nun Schritt für Schritt erschlossene Geschäftskorrespondenz zeigt anschaulich, wie nah Hans Wahl dem System tatsächlich stand.

Von »innerer Emigration« kann keine Rede sein. Im Juni 1933 etwa berichtet Wahl an seinen Kollegen Friedrich Schreiber in Yale: »Ich hoffe, daß Sie über die Ereignisse in Deutschland von keiner Seite falsch informiert worden sind und daß Sie an den Schwindel, der leider auch von Deutschland aus verbreitet worden ist, nicht glauben. Insbesondere ist kein Wort wahr von den Mißhandlungen der Juden. Wenn Sie in Berlin in die feinen und teuren Lokale kommen, sehen Sie sie noch genau so breit und fett dasitzen wie seit jeher. Daß sie in der Presse gründlich ausgeräuchert sind, versteht sich von selbst, denn diese Leute sind es gerade, die die erlogenen Geschichten verbreiten.«

1 Vgl. *Thüringer Allgemeine* vom 25. Januar 2014; *Neue Zürcher Zeitung* vom 27. Januar 2014; *Times Literary Supplement* vom 14. März 2014; *Das kulturhistorische Archiv, Weimar-Jena*, H. 3, 2014.

Für Wahls Haltung ähnlich aufschlussreich ist sein im Dezember 1940 im Auftrag der NSDAP verfasstes Gutachten über Siegfried Goetzes Schrift *Goethe und das Judentum*. Goetze hatte versucht, Goethe aus nationalsozialistischer Haltung heraus als Judenfreund abzuwerten und ihm sogar eine »rassische« Nähe zum Judentum nachweisen wollen. Hans Wahl wiederholt in seinem Gutachten das Bekenntnis, er sei »seit 1910 auf Grund der Erfahrungen mit dem Berliner Judentum Antisemit«, und trägt Judenhass vor (»Ein deutscher Mensch sollte sich schämen, sich die Steigbügel von einem Juden halten zu lassen«), ja er rühmt Goethes »das Judentum bändigende Kraft« und unterstreicht gegen Goetze – der Goethe und Nationalsozialismus für unvereinbar hält – Goethes vermeintlichen Antisemitismus und die Übereinstimmung von Goethe und Nationalsozialismus. Dabei beruft er sich ausdrücklich auch auf sein Gespräch mit Hitler in Weimar im November 1934, bei dem er, unterstützt vom Thüringer Gauleiter Fritz Sauckel und Joseph Goebbels, den »Führer« für den geplanten Erweiterungsbau des Goethe-Nationalmuseums gewinnen konnte.

Das Zusammentreffen mit Hitler war keineswegs zufällig zustande gekommen, Wahl selbst hatte bei Reichsjustizkommissar Hans Frank in Berlin darum geworben, den »Führer« auf das Bauvorhaben aufmerksam zu machen, Hitler sei der einzige, der »Deutschland [vor] der Schmach retten kann, daß es nicht in der Lage sei, das Denkmal deutscher Arbeit im Geiste aufzurichten, das vorbildhaft die ungeheure Lebensleistung des größten deutschen Dichters der Nation darbieten will, soll und muß!«

1933 als Erfüllung

Bei dem Weimarer Zusammentreffen sagte Hitler dann mehr als die Hälfte der Baukosten, genau: 160 000 Reichsmark zu. Damit war der Neubau gesichert, der noch 1932 an wirtschaftlicher Not gescheitert war. Hitler gebührte nun nicht nur in Hans Wahls Augen die Ehre, einen in Weimar sehnlichst gehegten Wunsch erfüllt zu haben. Daran änderte auch der Umstand nichts, dass Hitler die zugesagten Mittel wenig später auf ein Drittel reduzierte: Für das Goethe-Nationalmuseum war 1933 nicht Traditionsbruch, sondern Erfüllung. Hans Wahl, der viele Jahre vergeblich für das Goethe-Museum gekämpft hatte, erlebte die Begegnung mit Hitler als Wendepunkt zum Guten.

Im November 1934 wurde in den Grundstein des Neubaus eine Kassette mit einer Medaille Hitlers und verschiedenen Urkunden eingelassen, in denen Wahl die »nationale Revolution« von 1933 und insbesondere Hitlers Rolle rühmte: Durch diese sei Weimar von dem »geschichtlichen Irrtum« des Jahres 1919, der Gründung einer Republik in der Stadt Goethes, befreit worden; Goethe und Nationalsozialismus erscheinen teleologisch verbunden. Noch 1940 erklärte Hans Wahl, er selbst habe 1934 bei dem Zusammentreffen in Weimar »den Führer gebeten, Weimar in der deutschen Presse nicht immer wieder zu belasten mit diesem Ausdruck [gemeint ist »Geist von Weimar«] und der Wendung Weimarer Verfassung. Der Führer hat darauf erwidert, daß er selbst immer nur von Systemregierung zu sprechen pflege; daß er gerade Weimar in der Kampfzeit viel verdanke und daß er das nicht vergessen werde.« Die Kassette liegt bis auf den heutigen Tag im Grundstein des Museums; den Mut, sich diesem Erbe zu stellen, hat das Goethe-Nationalmuseum niemals aufgebracht.

Das Weimarer Goethemuseum war denn auch kein Ort der inneren Emigration des besseren Deutschland, es war integriert in die nationalsozialistische Kulturpropaganda, sei es als Spendenempfänger, sei es als Schauplatz nationalsozialistischer Veranstaltungen. Hitlers Anteil an der Fertigstellung des Neubaus wurde durch eine Stifterbüste und eine Gedenktafel im Museumsfoyer sichtbar gemacht. 1937 eröffnete Goebbels im Goethe-Nationalmuseum die »Woche des deutschen Buches«. Gauleiter Fritz Sauckel überreichte ihm als »Ehrengabe« eine Mappe kunstvoller Faksimiles von Briefen, Manuskripten und Zeichnungen von Goethe, Schiller, Herder, Wieland, Hebbel und Nietzsche, an deren Herstellung Hans Wahl mitgewirkt hatte. 1938 hielt Wahl eine anderthalbstündige Rede vor der Hitlerjugend und dem Bund Deutscher Mädel und rühmte sich der »sehr häufig ausbrechende[n] phrenetische[n] Begeisterung dieser jungen Menschen zu Goethe«. Es sei ihnen »von ihrer eigenen obersten Stelle auf das allerentschiedenste befohlen worden, sich mit dem deutschen Goethe zu befassen«.

Zum Museumsalltag unter nationalsozialistischen Bedingungen gehörte auch eine Verbindung mit den Weimarer Gustloff-Werken: Die aus geraubtem jüdischen Besitz gebildete Industriestiftung, die seit 1942 Produktionsstätten im Konzentrationslager Buchenwald unterhielt, gab einen kleinen Teil ihres Produktionsgewinns durch Spenden an kulturelle und soziale Vorhaben weiter, in der Regel mit propagandistischem Mehrwert. Mitten im Krieg spendete die Stiftung 7000 Reichsmark zur Restaurierung eines Teppichs aus Goethes Besitz. Auch eine Verbindung zum Konzentrationslager Buchenwald ist belegt: Als Wahl sich im Januar 1944 angesichts des alliierten Bombenkriegs gezwungen sah, die Einrichtung des Goethehauses aus Weimar zu entfernen, gab er im »Werk Buchenwald« die Herstellung von Holzkisten zum Abtransport von Goethes Bibliothek in Auftrag. Das thüringische Volksbildungsministerium sekundierte, achtzig Holzkisten seien »kriegswichtig«.

Am 9. Februar 1945 wurde das Goethehaus durch amerikanische Bomben zu einem Drittel zerstört. Schon kurz nach Kriegsende begann der Wiederaufbau – und die Geschichte der Verleugnung. Hans Wahl blieb auch unter sowjetischer Militärverwaltung im Amt, so dass er bereits im August 1945 seine Dauerausstellung wieder eröffnen konnte. Im Herbst entwarf Wahl neue Wandsprüche für das Museum, darunter der so schön scheinheilige wie für das Weimarer Lebensgefühl wirkmächtige Satz: »Der ›Führer des Dritten Reiches‹ hat das Goethehaus nie betreten.«

Die damals entfachte Streitfrage, ob Hitler jemals das Goethehaus betreten habe oder nicht – er hatte es 1925 mit Hans Wahl besichtigt, aber nicht mehr nach 1933 –, wäre schwerlich im Stande gewesen, die Gemüter zu erhitzen, wäre das Goethe-Nationalmuseum tatsächlich ein humanistisch-unpolitischer Ort gewesen. Hitlerkult – so sehr Hans Wahl und Spätere ihn aus dem institutionellen Gedächtnis zu löschen versucht haben – gehört zur Identitätsgeschichte des Goethe-Nationalmuseums.

Verleugnung seit 1945

Der »Selbstnazifizierung« des Goethe-Nationalmuseums, so hat es der Kulturhistoriker Georg Bollenbeck ausgedrückt, entspricht die jahrzehntelange Verleugnung seit 1945. Mit der Zerschlagung des Weimarer Nietzsche-Archivs im Dezember 1945 – das hat im Jahr 2000 der damalige Museumsdirektor Gerhard Schuster unterstrichen – wurden die »Energien« der Entnazifizierung »auf einen einzigen Punkt konzentriert, um von vielen anderen abzulenken«. Zu diesen vielen anderen gehört das Goethe-Nationalmuseum an erster Stelle. Nietzsche wurde in der DDR als vermeintlicher Vordenker des »Faschismus« tabuisiert, das einstige Nietzsche-Archiv zum Gästehaus umgebaut. Während das Sterbebett des Philosophen nach einer Weimarer Überlieferung einen anderen »Nutzer« gefunden hat und bis heute verschollen ist, wurden Goethes Bett und sein Arbeitszimmer zur Mitte einer neuinszenierten, vermeintlichen Authentizität des besseren Deutschland.

Es folgte ein zwischen Goethe und Nietzsche gespaltenes Geschichtsbewusstsein, das es ermöglichte, die Verbindungen der Kulturstadt mit dem Nationalsozialismus auszublenden. So entsprach es der Erbekonzeption der DDR, die den »Faschismus« überwunden und den »Humanismus« Goethes im sozialistischen »Humanismus« verwirklicht glaubte. Gelöst ist die Herausforderung einer erinnerungskulturellen Selbstpositionierung des Goethe-Nationalmuseums bis heute nicht: Der Konstruktionscharakter von Erinnerungskultur wird nicht problematisiert, das teilzerstörte und wiederaufgebaute Goethehaus erscheint als original, als habe es den Zweiten Weltkrieg gar nicht gegeben.

Doch die Weimarer Museumsinszenierung ist methodisch naiv und folgt einer langen Geschichte der Verleugnung. Am Anfang dieser Geschichte steht, wie eine tragische Gestalt, Hans Wahl. Seine »innere[n] Opfer« während der nationalsozialistischen Zeit hätten das »einzige Ziel [gehabt], das Angesicht Goethes sauber durch die Jahre zu bringen«. So schreibt er im November 1945. Im offiziellen Museumsführer durch das Goethehaus von 2011 liest der Besucher noch heute, das Goethehaus bilde den »menschlichen Widerpart« zu Buchenwald, es stehe »ungebrochen für das, was an der deutschen Kultur als wertvoll und schätzenswert gilt«. Diesem Bedürfnis nach »Sauberhaltung« des Goethehauses entspricht die 2011 erneuerte Authentizitätslegende – Goethes Arbeitszimmer sei »genau so erhalten wie zum Zeitpunkt von Goethes Tod« –, ein Narrativ, das die Brüche der Geschichte ausblendet und von Verantwortung entlastet.

Die erst 2012 in dem Gebäude von 1935 eröffnete Goethe-Ausstellung *Lebensfluten – Tatensturm* erzählt die Geschichte einer exemplarischen, aber doch gegenwartsfernen Bildungsbiografie – und zeigt ihre Reliquien. Zugleich blendet sie den Subtext des Ortes aus, an dem sie sich befindet: einem Ort des Scheiterns »humanistischer« Bildung, wie immer man sie verstehen will, einem Symbolort der freiwilligen Selbstgleichschaltung weiter Teile des Weimarer Bildungsbürgertums, für die Hans Wahls williger Pakt mit Hitler exemplarisch ist. Das Goethe-Nationalmuseum repräsentiert die deutsche Bildungstradition – aber es repräsentiert auch ihr Scheitern im Zeitalter der Diktaturen. Sich dieser Einsicht zu stellen, hat das Goethe-Nationalmuseum in Weimar immer noch vor sich.

Donbass. Zur Vielheit in der Ukraine

Von Ljudmila Belkin

Der Donbass – eigentlich das DONec-BASSin – bekam seinen klingenden Namen vom Fluss Severskij Donec, von dem er umflossen wird. Heute liegt er im Krieg. Selbst aus seiner Mitte heraus betrachtet wirkt er derzeit undurchsichtig: Fedor Beresin, ein Science-Fiction-Schriftsteller und heute stellvertretender Verteidigungsminister der Volksrepublik Donezk schließt nicht aus, dass die ihn umgebende Realität eine fehlerhafte »Matrix«, eine virtuelle Simulation sein könnte.[1] Genau dahin, auf das Ungewisse des Donbass, will ich den Blick richten.

Selbst in der Wissenschaft sind Emotionen im Spiel. Das muss nicht verwundern – nicht nur, weil die Vorstellung von emotionsloser Wissenschaft realitätsfern ist. Allerdings reicht das bis zur Gestaltung der Umschläge von Sammelbänden wissenschaftlicher und publizistischer Artikel mit den gelb-blauen Farben der Ukraine – die Trikolore der selbsternannten Volksrepubliken habe ich bis jetzt auf keinem Buchdeckel entdecken können. Das ähnelt dem Umgang von Fans mit den Farben ihrer Lieblingsmannschaft: Sie laden Emotionen auf. Auch meine. Ich bin besorgt über die international verbreitete Tendenz, die Gründe des Krieges aus dem »besonderen« Wesen des Donbass abzuleiten – dem besonders »kriminellen«, besonders »sowjetischen«, besonders »nichtukrainischen« –, das den Donbass angeblich von den anderen Regionen der Ukraine substantiell unterscheidet.

Wie in jedem Land mit einer uneinheitlichen kulturellen Landschaft gab und gibt es auch in der Ukraine regionale Stereotypen. Doch der Vergleich der Maidan-Gegner mit Insekten,[2] der ausgerechnet vom ukrainischen Innenminister Arsen Awakow ausging und durch die sozialen Netzwerke millionenfach Resonanz fand, die Denunziation einer ganzen Region als Verräter, die Aufrufe zu »Säuberungen« gingen weit über die Gren-

1 Interview mit Fedor Beresin. In: *Novaja Gazeta* vom 16. August 2014 (www.novayagazeta.ru/politics/64868.html).

2 Awakow bezeichnete das orange-schwarz gestreifte Heiliger-Georg-Bändchen der Protestler, das in Russland seit der Zeit Katharinas der Großen Bestandteil von Siegesauszeichnungen ist, als Kartoffelkäfermuster. *Das Problem mit den Separatisten in Lugansk wird in 48 Stunden geklärt sein – Avakov*. In: *Liga-Novisti* vom 9. April 2014 (news.liga.net/news/politics/1294362-s_separatistami_v_luganske_reshat_vopros_za_48_chasov_avakov.htm).

zen der üblichen Feindseligkeiten hinaus. Der kollektive Rufmord am Donbass trug maßgeblich zur Eskalation bei.

Ob ich die Kränkung der Donbasser deswegen nachvollziehen kann, weil ich aus dem Donbass stamme und mit Menschen dort direkt verbunden bin, oder weil ich als Migrations- und Konfliktforscherin Diffamierungen und Kränkungen gegenüber stets sehr aufmerksam bin, ist nicht entscheidend. Dass ich diese Kränkungen nachempfinden kann, ist kein Hindernis für die kritische Forschung, schärft eher das Gespür auch für die verdeckten Signale.

Wäre der Krieg im Donbass bereits ein historisches Ereignis, wäre die Frage nach der Authentizität des Berichteten weit weniger dringlich. Doch der Krieg tobt in unserer Gegenwart, wir sind auf allen Kanälen, in den analogen wie den digitalen Medien, ständig mit verzerrten Informationen konfrontiert. Darum ist die Frage nach der Authentizität des Berichteten einerseits so nachvollziehbar wie berechtigt. Andererseits ist nicht ausgemacht, dass man aus einem zerbombten Haus irgendwo in Lugansk die Konfliktlinien deutlicher sieht als aus der Ferne. Die Beobachtung der digitalen Kanäle ist darum eine notwendige Ergänzung zum unmittelbaren Erleben.

Nicht zuletzt deshalb, weil die politische Realität – auch – von Bildern lebt. Gerade in den Konflikten, in denen die politische Transparenz sabotiert wird, werden Bilder zu Waffen. Man denke an die »Paraden« in Kiew und Donezk zum Tag der ukrainischen Unabhängigkeit. Kiew demonstrierte seine militärische Kraft, um durch diese Bilder den Eindruck zu vermitteln, die Nation halte zusammen und der Krieg sei so gut wie gewonnen. In Donezk begann die »Parade« mit einem Trauergottesdienst, der der in Kiew »vergessenen« Opfer des Krieges gedachte; dann wurden die Veteranen des »Vaterländischen Krieges« gegen Nazideutschland geehrt und anschließend die ukrainischen Gefangenen in einer entwürdigenden Schau vorgeführt. Bilder von beiden Paraden wurden sofort im Netz publiziert und weitergereicht und auf diese Weise zum Politikum.

Wildes Feld

Der Krieg bindet unsere Aufmerksamkeit an die blutigen Ereignisse des Moments. Dem derart verengten Blick entgeht aber die historische und kulturelle Weiträumigkeit des Konflikts. Für den historischen Tiefenblick ist dabei der Topos des »Wilden Feldes« von einiger Bedeutung. Obwohl der Name seit dem Ende des 17. Jahrhunderts weder in der Kartografie noch im politischen Diskurs mehr Verwendung findet, ist er als kulturelles Image der Region im Land selbst sehr präsent.

Die Bezeichnung war zwischen dem 14. und dem 16. Jahrhundert gebräuchlich, als in der Region nomadische Völker, die Nachkommen der zerfallenen Goldenen Horde, weilten – die Gegend war sonst verwüstet und leer. Ende des 16. Jahrhunderts begann dann die Besiedlung: vom Westen durch die Saporoger Kosaken und vom Osten durch die Don-Kosaken zeitgleich und in demonstrativer Konkurrenz zueinander. Mitte des 18. Jahrhunderts gewährte die russische Regierung eine massenhafte Übersiedlung von Vertretern der Balkanvölker in die Region als

Teil ihrer proslawischen Politik während der Balkankriege. Heute erinnern daran Städtenamen wie Slavjansk, Slavjanoserbsk. Die Industrialisierung des Donbass im 19. Jahrhundert lockte Arbeiter aus dem ganzen Russischen Reich und gleichzeitig europäisches Kapital. Die zweite Industrialisierungswelle während der sowjetischen Nachkriegszeit schuf hier erneut eine ethnische und kulturelle Legierung, über die vermutlich der Dichter Nikolaj Domovitov (die Autorschaft ist nicht ganz gesichert) schrieb: »Weder Ukraine noch Rus', || Ich fürchte mich vor dir, Donbass, ich fürchte mich.«

Öffentlichkeitswirksam wurde die Strophe erst zu Beginn des 21. Jahrhunderts durch das Donezker literarische Online-Magazin *Wildes Feld. Das Donezker Projekt*, das Domovitovs Verse als Motto wählte.[3] Der Herausgeber des Magazins, der Philologe und Kulturschaffende Aleksandr Korabljov, reflektiert die beiden Images des Donbass ironisch ineinander: Er sieht die Weder-Ukraine-noch-Russland-Vorstellung als Kiewer Projektion aus dem mononationalen Zentrum auf die zwittrige Peripherie.

Im Juli 2014 schrieb Andrij Bondar, eine der schriftstellerischen Stimmen des Maidan, in einem vielfach geteilten und auch von der Presse weiterverbreiteten Posting auf Facebook: »Im Donbass leben ›hiesige‹ Menschen, gefangen von der sowjetischen Vergangenheit. Russland ist ihnen im Großen und Ganzen scheißegal, genauso wie die Ukraine. *Wildes Feld.*« Problematisch daran ist nicht, dass Bondar die Erwägungen über die rettende Vieldeutigkeit des *Wilden Feldes* überschreit. Er lehnt sie vielmehr auf eine zweifache Weise kategorisch ab: indem er den Nationalismus als universellen Maßstab für die Beurteilung des diversifizierten Donbass setzt und indem er die literarische Natur der Diskussion um das *Wilde Feld* verschweigt. Sein »ukrainisches Projekt« reduziert die vieldimensionale Erscheinung »Donbass« auf eine eindimensionale politische Idee.

»Wattejacke« und »Stipendienfresser«

Besonders signifikant scheint mir ein Gegensatzpaar, das sich auf die Fehde der geopolitischen Vorbilder in der Ukraine bezieht – also ein Thema, das neben der kulturellen Vieldeutigkeit des Donbass eine zentrale Rolle im aktuellen Konflikt spielt. Ich meine die abwertenden Bezeichnungen »Wattejacke« (ватник) und »Stipendienfresser« (грантоед).

Wattejacke nennen die Anhänger der europäisierten Ukraine ihre Gegner. In ihren Augen ist eine Wattejacke ein älterer Mensch, der an den alten »sowjetischen« Werten festhält. Für ihn endete der Zweite Weltkrieg am 9. Mai 1945 und hieß »Vaterländischer Krieg«. Dieser Mensch ist unschön, kleidet sich unmodern (daher »Wattejacke« als Metapher für den grauen sowjetischen Alltag). Er ist kindisch, emotional, ungebildet, ungezügelt, träumt von der »starken Hand« in der Politik und ist generell prorussisch. Er verteufelt den Westen. Kurz: Er ist ein »Mensch von gestern«.

Stipendienfresser ist das entsprechende Spottbild, das auf westlich orientierte Ukrainer gemünzt ist. Aus Sicht seiner Gegner ist der Stipendienfresser ein

3 Das Online-Magazin erscheint seit 2002 (www.dikoepole.org).

Produkt der mehrjährigen Gehirnwäsche durch westliche Stiftungen, eine prowestliche Marionette, die Geld mit Projekten nach den Richtlinien ihrer Geldgeber macht. Er ist urban, möglicherweise auch ein Kreativer. Er verachtet Wattejacken. Der Stipendienfresser vergisst die eigene Vergangenheit und idealisiert die europäische Zukunft.

Die Gegner werfen einander vor, völlig unbedacht und ohne jede Eigenständigkeit die Werte des jeweiligen Vorbilds zu übernehmen. Dabei lehnen beide Seiten die Werte des anderen ab: Die »europäische Zukunft« des Stipendienfressers hält Wattejacke zwar für modern, er weist sie jedoch – als eine ihm fremde – grundsätzlich zurück; die »russische Vergangenheit« von Wattejacke kennt der Stipendienfresser zwar nur zu gut, sie erscheint ihm aber als ewiggestrig und im aktuellen Krieg als aggressiv feindlich.

Unter dem Deckmantel der Demokratisierung oder dem des Schutzes der Minderheiten verfolgen internationale Geldgeber ihre eigenen Interessen. Ein verschuldetes, von seinen Geldgebern abhängiges Land kann sich keine offene Diskussion darüber leisten. Die Kritiker sind oft genug von einer der beiden rivalisierenden Seiten bezahlt. Einflüsse von außen zielen nicht nur auf die Durchsetzung bestimmter Werte, sondern auch auf die Abwertung der Gegenseite. Ich denke, dass die Rückkehr des Kalten Krieges nicht die Folge, sondern eine der Ursachen des innerukrainischen Konflikts ist. Er findet in der Ostukraine statt, weil sich die Einflusssphären dort besonders unvermittelt begegnen.

Der Schriftsteller Efim Berschin hat die Konfliktlinien unter dem Leitbegriff des »Bruchs« (разлом) am Beispiel des im Westen des ursprünglichen »Wilden Feldes« gelegenen Transnistrien beschrieben. In seiner dokumentarischen Erzählung *Wildes Feld. Der Bruch von Pridnestrowje* von 2002 spielt er wie die Autoren des Donezker Magazins auf die kulturelle Unbestimmtheit der Region an: »ein historischer Kessel, in dem Dutzende Nationalitäten sieden«.

In den scharfen Blick auf die Situation mischen sich Ressentiments, wenn Berschin die Reaktionen der Uno-Beobachter auf die Kriegsfolgen in Pridnestrowje darstellt: »Weder die zerbombte Schule in Grigoriopol noch der vernichtete Kindergarten, noch die zerstörten Häuser machten auf sie einen Eindruck ... Warum? Weil sie mit Klischees in den Köpfen kamen. Weil die grellen Farben des sommerlichen Pridnestrowje den schwarzweißen Blick auf die Welt ganz und gar nicht ändern konnten. Das Schlechte – das Gute. Kommunisten – Demokraten. Okkupanten – Freiheitskämpfer. Und das Wichtigste: nutzbringend – nicht nutzbringend.«

Die heutige Außenwahrnehmung der Zerstörungen in Donbass ist leider nicht viel differenzierter. Als das Donezker Zentrum für moderne Kunst Izoljacija von den Aufständischen in ein Waffenlager umfunktioniert wurde, reichte die Empörungswelle weit über die Grenzen der Ukraine hinaus. Das zerbombte Historische Museum Donezk war dagegen kein Thema für die internationale Öffentlichkeit. Auf Facebook schrieb ein ukrainischer Kommentator, das Museum sei ein Wattejacken-Museum gewesen und habe es daher eigentlich verdient, zerstört zu werden. Und die Einwohner von Donezk reagierten auf die Bilder der

Zerstörung mit den Erinnerungen an ihre Kindheit – typisch Wattejacken mit ihrer Neigung zum Nostalgischen, würden ihre Widersacher sagen. Das Historische Museum ist indessen eine Kulturinstitution wie das moderne Kunstzentrum Izoljacija. Beide teilen sie dasselbe Schicksal als Kriegsopfer. Teilen sie nicht auch *eine* gemeinsame, beziehungsreiche Gegenwart?

Der Sezessionismus

Seit dem Beginn des bewaffneten Konflikts im Donbass hat sich in den westlichen Medien die Bezeichnung »prorussische Separatisten« etabliert. Mehr noch: Im medialen Fokus stehen meist die Ukraine und Russland als handelnde Subjekte des Konflikts. Weitgehend ausgeblendet wird dabei eine entscheidende Komponente, nämlich der ostukrainische Sezessionismus.

Seit der Unabhängigkeitserklärung der Ukraine im Jahr 1991 gab es im Osten des Landes sezessionistische Bestrebungen. Für viele Ostukrainer, und zwar ungeachtet ihrer ethnischen Zugehörigkeit, war die Ganzheit des Landes, das ehemals Sowjetunion hieß, selbstverständlicher als die ukrainische Unabhängigkeit, die sie ihrerseits – darin besteht die wahre Ironie der Geschichte – gerade als Separatismus empfanden. Der Osten litt unter dem Phantomschmerz des zerbrochenen »großen Landes«. Kritiker sehen hier lediglich den unfreien Konservatismus: den Konservatismus der Wattejacken, den *sovok* (umgangssprachlicher Neologismus für »sowjetisch«), als Festhalten an einer überkommenen Denkweise. Diese Form der Nostalgie ist im Übrigen eine Erscheinung, der man auf den Ruinen alter Imperien öfter begegnet: zum Beispiel in jenen Regionen der Westukraine, die immer noch Heimweh nach der k. u. k. Monarchie haben.

Die Neigung, geopolitische Bündnisse zu schließen, bewegt auch den neuen ukrainischen Europäer. Abgesehen von der Annäherung an die Werte, die er mit Europa verbindet, verspricht er sich mehr Nutzen und Freiheit von der Europäischen Union als vom Bündnis mit Russland. Indem jedoch die proeuropäische – wie auch die nationale – ukrainische Bewegung auf die Trennung von der russischen Kultur setzt, gerät sie in Konflikt mit dem »prorussischen« Element der ostukrainischen Identität. Die ablehnende Haltung gegenüber dem Russischen kann die multivektorielle Ostukraine nicht teilen und sieht sich durch sie mitangegriffen.

In den 23 postsowjetischen Jahren ist zwar der Boden der Gemeinsamkeit gewachsen, er wurde jedoch stets durch die Politik der gesamtukrainischen Regierungen erschüttert, die eine Machtübernahme für die jeweiligen regionalen Interessen zu nutzen verstanden. Die politische Dynamik dieser Zeit ähnelte der einer Schaukel: Je stärker die Dominanz eines regionalen Lagers war, desto spürbarer wurden die sezessionistischen Tendenzen im Lager der Rivalen.[4] 1994 wurde in den Gebieten von Donezk und Lugansk ein Referendum durchgeführt, in dem es um den föderativen Status der Ukraine und um die Anerkennung des Russischen als

4 Es gibt durchaus auch einen westukrainischen Separatismus. Er wird momentan jedoch kaum diskutiert, wahrscheinlich um das Bild der monolithischen ukrainischen Nation nicht zu gefährden.

zweiter Amtssprache neben dem Ukrainischen ging. Bei beiden Fragen stimmte die Bevölkerung mehrheitlich mit »Ja«. Das Referendum blieb jedoch ohne Folgen.[5]

Einer der Höhepunkte der Entfremdungsdynamik zwischen den Regionen war die Orange Revolution von 2004, die der Osten als Niederlage seiner Interessen erlebte. 2004 und 2008 fanden in der Stadt Severodonezk (im Donbass) die »Kongresse der regionalen Deputierten« statt. Im Rahmen des ersten Kongresses entstand das Projekt der Süd-Östlichen Ukrainischen Autonomen Republik, das die Regionen von Lugansk, Donezk, Charkov, Dnepropetrovsk, Saporoshje, Cherson, Nikolaev, Odessa und die Autonome Republik Krim umfasste. Das Projekt sah einen autonomen Status in den Grenzen der Ukraine vor. Der zweite Kongress forderte den Status der Blockfreiheit für die Ukraine.

Zeitgleich zu diesem vor allem auf der Ebene der Parteipolitik verhandelten Szenario entstanden nichtparteiliche separatistische Organisationen mit ultranationalistischer Agenda. So kam es in den 1990er Jahren zur Wiederbelebung des Don-Kosakentums: in Russland, aber auch in der Ostukraine und auf der Krim. Im Gebiet von Lugansk gab es Ärger, als die neuen Kosaken einen Treueschwur gegenüber Russland ablegten. Auf die Vorwürfe der lokalen Organisation der Ukrainischen Republikanischen Partei, die darin eine Gefährdung der territorialen Einheit der Ukraine sah, lautete die lapidare Antwort: Mit »Russland« sei nicht die heutige Russische Föderation gemeint; die Eidesformel entspreche den Idealen der Väter, die in den Grenzen des russischen Imperiums dachten.[6]

Ein typisches Argument, das auch belegt, dass damals der Staat Ukraine nicht für alle seiner Bürger eine akzeptierte Tatsache war. Die neue Staatlichkeit stieß bei ihnen viel eher auf Skepsis als auf Zustimmung. Ein weiterer Beleg für das Bedürfnis nach staatlicher Autorität ist die im Jahr 2005 entstandene Organisation »Republik Donezk«. Ihr Programm war vaterländischer Rhetorik verpflichtet und enthielt aus den Zeiten des russischen Imperiums tradierte Ideen wie etwa die Führung durch die Russisch-Orthodoxe Kirche und die Parolen des Vaterländischen Krieges von 1941 bis 1945. Die Organisation wurde verboten.

In den Ereignissen des Winters und Frühlings 2014 sind die Denkstrukturen, Symbole und auch einzelne Figuren der sezessionistischen Geschichte der Ostukraine deutlich erkennbar.[7] Die Unruhen begannen parallel zum Aufstand auf dem Maidan, eskalierten jedoch erst nach dem 23. Februar, als die neue Regierung in Kiew das Gesetz vom 10. August 2012

5 Vgl. Evgenij Morin, *Donbass. Das vergessene Referendum 1994*. In: *The Kiev Times* vom 12. Mai 2014 (thekievtimes.ua/society/372400-donbass-zabytyj-referendum-1994.html).

6 Vgl. Oleg Medvedev, *Auf Luganščina werden zwei Kosakentume wiederbelebt*. In: *Nezavisimaja gazeta* vom 28. Mai 1992 (www.ualberta.ca/~khineiko/NG_92_93/1141769.htm).

7 Für eine der ersten systematisierenden Zusammenfassungen des Aufstands und seiner ostukrainischen Gründe vgl. Serhiy Kudelia, *Domestic Sources of the Donbas Insurgency*. In: *Ponars Eurasia*, Memo Nr. 351, September 2014 (www.ponarseurasia.org/memo/domestic-sources-donbas-insurgency).

wieder aufhob, das in dreizehn Regionen der Ukraine der russischen Sprache de facto den Status einer Amtssprache verliehen hatte.

Während der Proteste zwischen März und Mai 2014 besetzten die Gegner der neuen Kiewer Regierung die öffentlichen Gebäude in Charkov, Lugansk und Donezk sowie in anderen Städten dieser beiden Gebiete.[8] Es gab mehrere Umsturzversuche in Dnepropetrovsk, sie blieben erfolglos.[9] Am 9. März 2014 wurde bei der öffentlichen Versammlung des Anti-Maidan in Saporoshje die Formierung der Süd-Östlichen Front ausgerufen, die alle zum Maidan oppositionellen Organisationen konsolidieren sollte. In Odessa kam am 1. März 2014 eine Volksversammlung zusammen, die Forderungen nach dem Status des Russischen als zweiter staatlicher Sprache und nach Föderalisierung der Ukraine an die lokalen und zentralen Regierungen stellte.

Die Regierung in Kiew war nicht imstande, eine politische Antwort auf diese Protestwelle zu geben. Ob dies aus Schwäche oder aus Mangel an Strategie geschah, ist aus heutiger Sicht kaum zu beurteilen. In jedem Fall verstrich dabei wertvolle Zeit, in der die Mehrheit der Aufständischen noch offen für mögliche Konfliktlösungen gewesen wäre.

Die Tragödie vom 2. Mai 2014 in Odessa, als Dutzende Anhänger der Anti-Maidan-Bewegung bei einem Feuer im besetzten Gewerkschaftshaus umkamen, bedeutete einen entscheidenden Einschnitt. Nach den Bombardierungen durch die sogenannte Antiterror-Operation gab es für die Aufständischen kein Zurück mehr. Die Gewalt der Aufständischen, die Plünderungen, Folterungen und Erschießungen der Andersdenkenden – auf dem staatenlosen Territorium, zu dem der Donbass de facto wurde, hatte jeder Macht, der eine Waffe trug –, stießen die Bevölkerung freilich auch von diesem Lager ab.

Die Vielfalt des Donbass existiert nicht mehr, weil der Krieg die Freiheit der Entscheidung in den Zwang zur Entscheidung verwandelt hat. Ein Facebook-Freund, der seine Stadt Donezk trotz des andauernden Beschusses und trotz der Macht der Volksrepubliken, die er wütend hasst, nie verlassen hat, schrieb nach der Unterzeichnung des Vertrags zum Sonderstatus des Donbass: Um den Schock dieses Regierungsbeschlusses – der in seinen Augen Verrat ist –, zu überwinden, habe er zunächst versucht, sich zu betrinken. Nachdem das nicht funktioniert habe, habe er Vorteile und Nachteile der entstandenen Situation abgewogen und sei zu dem Schluss gekommen: »Insgesamt gibt es nichts Gutes, doch die Zeit der Verzweiflung ist noch nicht gekommen.«

8 Vgl. die Zusammenstellung der Besetzungen staatlicher Gebäude in der Ostukraine in: *Osteuropa*, Nr. 5–6, Mai-Juni 2014.

9 Offensichtlich siegte in der Stadt Dnepropetrovsk das rationale Modell einer Führung, die in einer unitären Ukraine mehr Sicherheit sah. Der stellvertretende Gouverneur Boris Filatov erklärte, dass Dnepropetrovsk sogleich eine proukrainische Position annahm, während die Eliten von Donezk und Lugansk Vergünstigungen für ihre Region von den zentralen Regierung forderten. »Wir werden nicht mit einem Arsch auf zwei Stühlen sitzen«, so Filatov. In: *Obozrevatel* vom 20. August 2014 (obozrevatel.com/interview/41283-boris-filatov-myi-v-otlichie-ot-donetskih-ne-pyitalis-usidet-zhj-na-dvuh-stulyah.htm).

Journal (XXII)

Von Stephan Herczeg

Einer dieser Montagabende, an denen man nichts mit sich anzufangen weiß. Das Irritierende an Montagabenden, die in den Wintermonaten bereits um 17 Uhr beginnen, besteht darin sich einzubilden, irgendetwas Sinnvolles müsse nun am Wochenanfang beginnen oder gar fortgeführt werden. Die versöhnlich-resignative Sonntagabendstimmung – wieder eine Woche geschafft, überlebt, überstanden – ist komplett vergessen, inklusive aller Fortführungsvorsätze. Fortführungslos schalte ich den Fernseher ein.

Ich habe komplett verlernt fernzusehen. Nie weiß ich, was läuft, die letzte Programmzeitschrift habe ich vor zehn Jahren gekauft und die nie benutzte TV-Programm-App kürzlich vom Handy gelöscht. Die Kabelkanalprogrammbelegung hat sich in den letzten Jahren so häufig geändert, dass sich irgendwelche komischen Kanäle plötzlich auf den vorderen Programmplätzen befinden und Pro Sieben zum Beispiel nicht mehr auf Fernbedienungstaste Sieben, sondern auf Achtzehn, was mich manchmal in den Wahnsinn treibt, mal abgesehen davon, dass Pro Sieben sowieso nicht von dem Schrottprogramm, das sich jetzt auf Fernbedienungstaste Sieben eingenistet hat, zu unterscheiden ist. Keinesfalls werde ich die Bedienungsanleitung des Fernsehers heraussuchen und Programmplätze verschieben oder automatische Suchläufe initiieren oder mir überlegen, auf welchem Programmplatz RTLNitro zukünftig abgelegt werden soll.

Ich zappe wirr durch die Kanäle, wie in den neunziger Jahren, nur dass man in den neunziger Jahren auch Schrottprogramme noch interessant, möglicherweise lebensnah, lehrreich und amüsant fand.

Kurz die Wahnvorstellung entwickelt, dass die Werbeblöcke bei allen Privatsendern inzwischen aus Zappingverhinderungsgründen zu exakt denselben Zeiten synchron abgewickelt werden. War dann aber doch nicht so und mein gedanklich bereits aufgesetztes Schreiben an das Kartellamt konnte wieder verworfen werden. Ich zappe weiter, falls man heute überhaupt noch *weiterzappen* sagt.

Endlich ein Schwarzweißfilm mit komischer Musik. Das muss Arte sein. Otto Sander lehnt seinen Kopf an die Schläfe eines Komparsen, um dessen dahingemurmelte Gedanken zu belauschen. Das muss *Der Himmel über Berlin* sein. Ich habe den Film nur einmal gesehen, eben damals, als er herauskam, vor siebenundzwanzig Jahren, und fand ihn aus mir heute nur noch teilweise nachvollziehbaren Gründen unerträglich. Wenn ich mich richtig erinnere, habe ich den Film richtiggehend gehasst, so wie man nur als junger Mensch Dinge blind und eingebildet hassen kann. Alles kam mir falsch vor, die Plot-Idee der unter den Menschen weilenden Engel, die Zirkusgeschichte, die Ritterrüstung von Bruno Ganz, Peter Falk als Nicht-Columbo. Damals konnte ich auch kaum glauben, dass Peter Handke am Drehbuch mitgeschrieben hat, was mir heute nicht mehr so verwunderlich vorkommt.

Mich kurz gefragt, ob ich gerne mit meinem damaligen Ich über den Film diskutieren möchte, dann aber doch keine Lust gehabt, die Rolle des milde gestimmten, verständigen Toleranzalten einzunehmen. Und besonders gut gefällt mir der Film auch heute noch nicht. Der berlindokumentarische Charakter des Films ist aus heutiger Sicht dagegen super, was man damals noch nicht ahnen konnte. Vielmehr ging mir seinerzeit das in Szene gesetzte depressive West-Berlin inklusive Nick-Cave-Konzert und Grenzbrachenmelancholie total auf die Nerven, weil ich es fälschlicherweise für ein von Wenders missbrauchtes Klischeebild hielt, das mir aber heute im verklärten Rückblick hochgradig realistisch erscheint und den esoterischen Engels-Humbug des Films im Gegensatz zu früher angenehm wegdimmen lässt.

Erstaunlicherweise fühlen sich meine Erinnerungen an das Berlin vor dem Mauerfall ungefähr genauso an: schwarzweiß, karg, kalt, uncharmant, Kohleheizungsgeruch in den Straßen, die Unmöglichkeit nach Ladenschluss irgendwo Zigaretten kaufen zu können, außer in Gaststätten, wo niemand einen Zehnmarkschein in Münzen wechseln wollte. Die Provinzialität und Ambitionslosigkeit des damaligen Berlin. Freunde, die dort ewig studierten, um danach nichts machen zu wollen. Mir hat das damals gut gefallen. Und wenn in heutigen tilschweigeresken Berlin-Filmkomödien, die immer nur im Hochsommer um 20 Uhr spielen, einem die tiefstehende Toskanasonne terrakottafarben in die Fresse scheint, möchte ich nur laut schreien und mich möglichst poetisch vom Wim-Wenders-Trapez des Circus Alekan in die Tiefe stürzen.

In einer dieser Bücherkisten, die manchmal vor Bürgerhäusern stehen, Stefan Zweigs Biografie über Marie Antoinette gefunden und der Aufforderung »Zum Mitnehmen« dann auch direkt nachgekommen. Mein Interesse an Marie Antoinette und Stefan Zweig hielt sich bisher in Grenzen. Mein Wissen über beide beschränkte sich auf das, was man nach fünfunddreißig Jahren Feuilletonlektüre eben so mitbekommen hat und immer tragisch auf Marie Antoinettes Hinrichtung auf der Place de la Concorde und den Selbstmord Zweigs in Petrópolis hinauslief. Erstaunlich, dass sich Stefan Zweig in den frühen Dreißigern des 20. Jahrhunderts überhaupt für die historische Figur der Marie Antoinette interessierte. Eine Faszination für Marie Antoinette, gleich welcher Art, verherrlichend oder verachtend, ist seinem Buch nicht direkt zu entnehmen. Aber schon der nicht so nette, wenn auch wohl zutreffende Untertitel der Biografie »Bildnis eines mittleren Charakters« lässt ahnen, was Zweig auf den folgenden vierhundert Seiten über Marie Antoinette sagen wird.

Er begleitet und beschreibt als neutraler, beinahe teilnahmsloser, wenn auch stark psychologisierender Überbetrachter das Leben Marie Antoinettes, die, ihrer Jugend beraubt, vierzehnjährig mit dem französischen Thronerben zwangsverheiratet wird und in Versailles in den folgenden Jahrzehnten nicht unschuldig, aber ohne Schuldgefühle zur meistgehassten Person Frankreichs aufsteigt. Marie Antoinette wird alles vorgeworfen, was man auch heute noch in Zeitungsartikeln an jungen Menschen bemängelt: Sie liest keine Bücher, ihre Allgemeinbildung ist schlecht, sie interessiert sich nur für sich selbst, wäre gerne Schauspielerin geworden, ist vergnügungssüchtig, kauft sich ständig Klamotten und besucht in ihrer Freizeit keine Waisenheime und Leprastationen, sondern treibt sich bis in den frühen Morgen auf großstädtischen Tanzveranstaltungen herum.

Ihr Ende ist bekannt, als Witwe Capet wird sie neun Monate nach Ludwig XVI. hingerichtet. Jacques-Louis David hat eine kleine Zeichnung angefertigt, eine letzte porträtähnliche Skizze, im Vorbeifahren mit wenigen Strichen schnell zu Papier gebracht: *Marie Antoinette auf dem Henkerskarren, auf ihrer Fahrt zur Guillotine*. Eine verhärmte, alte Frau in einfacher Kleidung ist darauf zu sehen, den Umständen entsprechend niedergeschlagen und verbittert. Und auch von Stefan Zweig existiert ein letztes grausames Bild, ein Zeitungsfoto, im Internet noch heute schnell zu finden. Zweig im kurzärmligen Hemd mit Krawatte, an ihn geschmiegt seine Frau Lotte, beide im Bett liegend, beide tot. Auf dem Nachttisch eine Lampe, ein Taschentuch, ein paar Münzen, eine Wasserflasche, eine Schlafmittelpackung und ein leeres Glas.

Der Merkur im Internet: Aktuelle Interventionen und Kommentare, Reaktionen auf Texte in der Druckausgabe, Blicke ins Archiv, Hinweise zu Tagungen und Links zu lesenswerten Artikeln und Essays online, zu finden unter:

www.merkur-zeitschrift.de/blog/

Das Jahresinhaltsverzeichnis 2014 finden Sie zum Download auf unserer Volltextseite
volltext.merkur-zeitschrift.de.

Im nächsten Heft

Navid Kermani
Dein Name.
Dankesrede zum Josef-Breitbach-Preis

Andreas Dorschel
Ästhetik des Fado

Hannes Böhringer
Barocke Gegenwart.
Lezama Lima nachgedacht